This Book Offers Free Bonus Puzzles

Available Here:

BestActivityBooks.com/WSBONUS20

5 TIPS TO START!

1) HOW TO SOLVE

The Puzzles are in a Classic Format:

- Words are hidden without breaks (no spaces, dashes, ...)
- Orientation: Forward & Backward, Up & Down or in Diagonal (can be in both directions)
- Words can overlap or cross each other

2) LEVEL UP THE GAME!

A space is provided next to each word to write new ones, translations or notes. We also offer a convenient **NOTEBOOK** at the end of this edition. It can help you organize your annotations, new words and/or observations.

3) TAG YOUR WORDS

Have you tried using a tag system? For example, you could mark the words which have been difficult to find with a cross, the ones you loved with a star, new words with a triangle, rare words with a diamond and so on...

4) EASY TO CUT!

The Puzzles come with an Extra Large margin to easily cut the page out of the book. Some people may feel it more convenient to solve them this way.

5) FINISHED?

Go to the bonus section: **MONSTER CHALLENGE** to find a free game offered at the end of this edition!

Want **more fun** and activities to **relax? It's Fast and Simple!** An entire Game Book Collection **just one click away!**

Find your next challenge at:

BestActivityBooks.com/MyNextWordSearch

Ready, Set... Go!

Did you know there are around 7,000 different languages in the world? Words are precious.

We love languages and have been working hard to make the highest quality books for you. Our ingredients?

One part easy-to-read print, three parts entertainment, then we add some challenging words and a pinch of rare ones. We brew them with care to serve you lots of fun and an opportunity to solve the best puzzles.

Your feedback is essential. You can be an active participant in the success of this book by leaving us a review. Tell us what you liked most in this edition!

Here is a short link which will take you to your Amazon orders review page.

BestBooksActivity.com/Review50

Thanks for your fidelity and enjoy the Game!

Delta Classics Team

Puzzle 1

```
O C U C Z A U N T K T Z E T U
I H A L G S S U R E D Y H A C
R B A S A R D D A G R E W C H
I A L L G D D A F Y G L I L O
E H K H M L N D O F A R T U D
W A F A H C U O D M I L W S V
Y D O M Y G G G A E D T H F M
G O R S A F L S E A W E O V A
T B Q B A A U Y T J F I C J S
A L L W Y L R P H U L M D A R
U X K V U A H I E L L L B H R
F C L E I F I O N U S O D D D
C U Z G R Y W N N Y S Y R A Z
E K G C B C L Y L C F O M R D
```

TEIMLO	TACLUS
HYDERUS	TRAFOD
CASGLU	MIL
CYFALAF	LLAI
CLEIFION	LLWY
GORSAF	ARDD
DIWEDD	TRAFODAETH
UCHOD	DADL
SYNNWYR	ATGYWEIRIO
PYSGOD	LLEIHAU

Puzzle 2

```
T  S  I  F  T  Y  S  G  R  I  F  E  N  N  U
E  K  S  E  F  F  Y  G  H  Y  N  A  F  O  L
R  W  A  N  A  O  U  T  L  L  I  E  N  B  Y
M  P  Y  D  S  D  R  Y  B  G  U  J  B  O  P
A  X  V  N  R  U  T  D  D  Y  W  S  W  F  N
U  G  Y  L  O  G  D  A  D  H  Y  L  Y  N  K
E  K  X  S  M  F  E  Y  D  I  Z  I  T  J  N
D  Y  Y  E  H  O  R  H  O  J  O  G  A  L  L
F  A  R  E  V  D  A  A  R  G  X  X  D  E  L
E  C  R  H  M  M  W  Q  D  Y  D  D  W  S  Y
O  A  K  P  N  F  G  L  A  A  L  V  Y  G  W
H  M  V  A  A  G  K  X  L  P  Q  M  Z  I  Y
T  P  X  R  A  R  F  N  I  G  C  P  G  D  D
I  A  U  A  W  A  U  I  A  J  T  T  I  W  D
```

ESGID	NEILLTUO
TERMAU	SWYDD
DARPARU	ADAR
DYDD	GYFFES
BWYTADWY	OFN
GWARED	YSGRIFENNU
HYNAFOL	ORSAF
LLYWYDD	FFORDDIO
CAMP	GOLYGU
NAWR	AILADRODD

Puzzle 3

```
J  G  C  O  R  F  F  O  R  O  L  N  J  E  D
L  Z  R  K  G  Q  G  H  L  B  J  B  P  N  A
B  C  B  A  N  L  E  R  I  O  E  D  L  J  E
Q  W  L  Y  N  T  G  L  D  Y  E  R  X  W  A
Q  B  O  K  Z  D  R  W  Y  U  B  L  H  P  R
A  M  G  E  N  V  A  A  F  O  B  U  L  R  Y
T  T  Y  G  K  D  D  W  E  F  B  T  Q  O  D
D  V  B  Y  M  B  D  R  I  Y  I  X  E  F  D
T  H  E  D  N  F  O  Ô  S  D  Y  H  Z  I  I
J  K  T  A  K  I  L  M  I  D  D  R  P  A  A
N  E  G  Y  D  D  O  L  O  A  S  R  A  D  E
A  R  D  D  A  N  G  O  S  I  U  G  U  Z  T
P  U  M  F  R  E  U  D  D  W  Y  D  K  M  H
G  Y  L  C  H  G  R  A  W  N  R  P  W  M  V
```

CORFFOROL	DAEARYDDIAETH
AMGEN	GYDA
FREUDDWYD	PUM
GRADDOL	MÔR
DRUM	GRAND
TEBYGOL	GYLCHGRAWN
PROFIAD	FYDDAI
ARDDANGOS	DYFEISIO
LLEOL	NEGYDDOL
WAWR	ERIOED

Puzzle 4

```
O I Z H L G F A E Y X M Z G H
E V J R G C W O W E T C D E L
D T Q S D I A I L I E F I N A
F N A S U G G A R Q H J D B T
L L E F E R Y D D F A W E R Y
O L G R N H W A D B O W W Y W
R A W E Y C O I U R C D R N Y
O G E F S W S R F A Y N D M D
N I L R K M A A M T S M G O D
E R D A E G F C H H O B W O L
A B F M G U U A G U N H Y N O
L A Q Y K Z R T Q W Y J L L Y
B P I B O N W Y Y Q Y K L G F
C A N H W Y L L A U S N T T J
```

GWYLLT   BRATHU

GWELD   GWYN

AWYREN   NHW

CANHWYLLAU   LLEFERYDD

ANIFEILIAID   CARIAD

PIBONWY   GALL

YMARFER   BLAENOROL

BRYN   CYSON

GUSAN   TYWYDD

GWIRFODDOL   DEWR

Puzzle 5

```
C E R D D O R I A E T H G U R
D D O E L L E N N O H N Y F F
D D I A W Y R W G U C F F F R
E R Q N F L X Y U E W U F W H
C C A E H E H T F J U X O T O
A N Q W U Z L I R X F P R S W
I O D A S A D E I L A D D U C
S G T R T U P N M L F E D I H
Y S P K U S R H G X M F U X X
L L E W T A Q E U J D G S I B
R A D D E D I G D W T E Y Z X
L L W C H B H K O Y S D G T Y
R F R B J X I W E H R I C U L
G O X I A R R C U D J B D D L
```

FFYNHONNELL   RHOWCH
ADEILAD   HIR
STWFF   CERDDORIAETH
SIACED   GWRYWAIDD
GYFFORDDUS   LLEW
FUWCH   WEN
RADDEDIG   LLWCH
DRAWS   BRYDERUS
CUL   DEGFED
FEL   DDOE

Puzzle 6

```
B L O D E U O E D T H C R I W
D I F F Y G R S O H T R E W G
Y M W N E U D G N A E O L O A
Q H L P P N M Y I C I N K S K
C F Z A S E T N O V U F L X R
E D I Y V D W F L B S A X X B
L E D R K L S J Q R L I Q B X
U F P D X Q I A S Y S R O G A
A D R O D D I A D S F E K C C
I D T F I R F Y C U L G P R H
L E Z A M P F V N R A T V I O
Y A H S S A A C E I L I O G S
W L D E H T I L H M Y A H Q I
G H T N H A E L I O N I U X M
```

GWERTH	DIFFYG
ESGYN	AEDDFED
ADRODDIAD	AGOR
GWYLIAU	LAPIO
CYFRIF	NESAF
YMWNEUD	YMHLITH
HAELIONI	BLODEUO
ACHOSI	DONIOL
BRYSUR	SIOC
CEILIOG	CRONFA

Puzzle 7

```
C A N O L B W Y N T I O O M H
D A I H A X D M F P B L S E D
G R S E O E W O A L X Z U F G
E H U A I B D D G I U M J U H
T W B O O C I E S Q F J F S I
S H C L U H C R Y W E L D A K
F K O A L U D N I R F F Y G T
W W M D N E R H E W E E W R U
A Y P O T I N S Y C H S S A U
V V A L P B K W K J C P R D C
F G C E T O U L I O X W A D V
Y J T A O Â C O L O F N Y P V
D D D W A S N I H O C N Q J I
S A F O N M N A T U R I O L P
```

ARSWYD
COLOFN
SYCH
CANOLBWYNTIO
SAFON
ADLEWYRCHU
LLENWI
RHEW
AELOD
NATURIOL

MEFUS
DAL
SUBCOMPACT
FFRIND
HINSAWDD
MODERN
GRADD
TÂN
YSGAFN
HOBI

Puzzle 8

```
B O W F C E Y O B C Z F C M G
X R O B E M J R C Y M F E Z V
A L E A F A G O Y F R U N C W
K Q N U Y L T C L A L R E P X
C H W E D O Y E L N A E D R G
G T M E F D P D E S T D L O R
X A E M C O W D L W R Q A S U
S B L C Z S J Y L M A I E I M
G O E B P O H N D J F H T E T
N W F U J M R U S O Y A H C V
E A G L Z Y L E A W G T O T I
L N O W I L O D I D M K L I B
Y R T N R A H C R A C X K T R
H R W Z O I R I H O G K R T W
```

GWAEL

PROSIECT

BATH

SOFLIAR

FFURED

CARCHAR

GAFAEL

GYFARTAL

ROCED

DEUNYDD

LEMWN

YMOSODOL

CYLLELL

CHWE

CENEDLAETHOL

CYFANSWM

SWM

GOHIRIO

DIDOLI

BREUDDWYD

Puzzle 9

```
A L G Y D D U H R Y K E C Y Y
F X W W M E D D A L K F Y S L
M Q L P E S Y Y U E H E F G N
R M O R O I H I T W T L R O M
G L G K J S T V M M I Y A L G
S I R I O L I H H G A C I G M
Y K E R Z V S B G Y F H T S O
D I R G E L I O N A F U H I S
D P B U S G W G Ô N R R E H W
A J A H I B A V S L E E Y R Y
G W Y D D O N Y D D P C D D D
O G W E D D I L L Z P K L D D
Y F F D H T H C H Y F R E S O
V S Z Y B G N A F O E V Q D G
```

RHUDDYGL   DIRGELION
PERFFAITH   SIRIOL
ADDYSG   WELY
CHYFRES   RHISGL
CYFRAITH   GWYDDONYDD
GWEITHGAREDD   MEDDAL
GWEDDILL   SÔN
POSIB   EFELYCHU
GOLWG   SWYDDOG
HYFRYD   YSGOL

Puzzle 10

```
F F A P C O E D U I R I J R T
F E N X Y H F D E G A K T H T
A N N B H T N Y W P Z W H Y J
R Y I Q O E I W N N V E N F A
W W B C E A S L P N A K Z E T
E V Y G D G K B Y V O Q I D O
L M N W D I B N O Y B L N D F
I R I E I D J E F N L N W O E
O F A L J E Q P Y L I U A D R
V O E O B L C Y D Y K O L W T
C D T D L E A M D D I F F Y N
D S H D B W H I E Z T E Y J E
P O T E L G V D L L E W G L P
X C M N G L P R C E K Q R L D
```

GWELL   OFYNNOL
ANNIBYNIAETH   POTEL
CYHOEDDI   DIM
PENTREF   FOD
PWYNT   GWELODD
FFARWELIO   GYFLAWNI
IAWN   CLEDDYF
GWELEDIGAETH   AMDDIFFYN
PEN-BLWYDD   RHYFEDDOD
ESBONIO   FENYW

Puzzle 11

```
G E I R F A S G W R S W D M D
S R I Â C W P A N E K D I W A
D A J P Y P Z Z O D V E S B W
Y F E T P I Z F D J D F G A N
M G V S N V J W C W D N Y C S
A Y P D N Ŵ L A B K H Y B L B
I L O Y H E S B O J J D L J T
X O A G O Y G B J J I D V D S
G B D N W S Z S B J Q I E A I
N A E E N U I R U T S O T E C
U R E B S W T T Y L Z M J I R
O I R I E F Y C Y X O B N T T
A Z P D X C L L Y W H C P E T
G W Y L I W C H T R W Y N M I
```

HWYL	TOSTURI
DAWNS	DEFNYDDIO
SGWRS	BAR
TRWYN	CYFEIRIO
SAESNEG	OLYGFA
DISGYBL	PÂR
GEIRFA	EITEM
ANNWYL	CWPAN
GWYLIWCH	SICR
DIBEN	BALŴN

Puzzle 12

```
A I H D A S G F G Y B R T G P
W Z O I P T N B V G E P D T A
D D F W L O Y S I D I L M N W
U I R Y A R P G O B D P L H O
R R E G N M H F U W D W R U I
U G N I E Q N A A N G C H V N
F E N O D A H X N D A G Y J I
A L Y D A C Y V R E R D D N F
L W D U U V P H A E S D D W F
L C D Y M G Y R C H R Y I E I
A H G W A S T R A F F F D W D
U A M L Y C A F R J J E I L F
W E R T H F A W R E H H U N R
L H S U D L C V M Y A J P A L
```

HEFYD	HOFRENNYDD
DIFFINIO	ERFIN
DIWYGIO	YMGYRCH
RHYDDID	LLUN
HANES	DIRGELWCH
LLAFUR	BEIDDGAR
PLANEDAU	CWPL
WERTHFAWR	AMLYCAF
AWDUR	STORM
CARNAU	GWASTRAFF

Puzzle 13

```
C H W E C H E D H M R T A N G
Z I Y V F R H X A I S D C X V
S H F G V R B W F L E Y O D O
A C Z M Z O E G O I N G D N G
B W D R A W X N J W P R C Y F
A L T G W Y N T H N F E I V N
D B G O D B B R O I T N I E P
E Y V I M W R T A P N M K M V
L H A E C A O F B A H E K A C
L G E U Q F T N G Q B P S T T
B X L B N H O I D G T D S H F
G W E N C I F S G O D Y M Y C
H A W D F A E U O G L E X X G
G W E R T H W R C A N B T H B
```

MATH

SYDYN

GWENCI

PEINTIO

DRAW

MILIWN

GWYNT

FRENHINES

BADELL

CAN

CHWECHED

FYW

HAF

CYMYDOG

ERGYD

EUOG

AWTOMATIG

GWERTHWR

BLWCH

PATRWM

Puzzle 14

```
C H W A R A E O N D U E L N Y
D Y F R G W N Z A F L I O I S
I Q Z B U T R E I A L D U L T
A T G E R M F I E C Q D E O A
T H F Q A Q D B I H E O H I F
T R I O D D U H Y C C R E H E
C M W Q D F F S L A C M D C L
X I S M E K D G L B Z A D Y L
D L H P W Y L L G O R N O R N
W C A R I W Z H O Y N T D N R
M R H X D J N N L L O A E Y B
H E I N I M B C L L W I W C Y
C Y F R I F W C H X B S Y J E
A S T U D I A E T H A U D D X
```

BACH	EIDDO
HEINI	DEHEUOL
CHWARAEON	MANTAIS
DIWEDDARU	CYNRYCHIOLI
TAID	LLOG
DYFRGWN	CYHUDDO
CYFRIFWCH	DYWEDODD
ASTUDIAETHAU	CERDYN
YSTAFELL	TREIAL
TRWM	PWYLLGOR

Puzzle 15

```
I  S  U  H  T  E  O  M  G  O  K  H  D  E  C
H  R  I  T  L  L  I  M  H  V  O  R  I  R  F
U  E  D  J  O  P  U  Q  G  W  A  J  F  B  D
C  H  D  Z  U  A  H  R  A  P  X  F  R  Y  Y
U  C  D  D  G  T  C  U  D  D  A  G  I  N  F
G  Y  O  G  I  S  A  L  F  I  D  D  F  F  Y
D  M  D  Y  V  W  L  J  H  Y  T  L  O  P  N
Y  Y  D  M  M  I  L  L  Z  O  X  Z  L  O  I
W  S  E  H  R  O  E  N  Y  E  F  F  H  G  A
A  G  A  A  W  O  H  T  Z  G  D  F  P  M  D
L  W  W  R  C  I  M  H  T  E  A  R  T  A  C
L  C  G  U  U  L  Y  Z  O  I  Z  I  Q  E  W
T  H  L  W  Y  D  D  I  A  N  T  I  D  B  R
B  E  I  R  N  I  A  D  O  L  U  N  A  L  C
```

DIFRIFOL	DYFYNIAD
CYMYSGWCH	HERS
LWYDDIANT	PARHAU
HOFFTER	BEIRNIADOL
DDIFLAS	LLYGAID
DYWALLT	GYMHARU
GWAEDDODD	MILLTIR
DDA	YMHELLACH
TRAETH	MOETHUS
ERBYN	HEDDIW

Puzzle 16

```
H Y K C B L K W B C A D Q M G
K M T Y S Q R V Y H X S F A Y
C R I D W G W M M K A B D R N
Y O J N L L T H K M H I A C D
M I R A G O U E K C F G I H D
E R H B C D D R W F F O N O E
D M L O N E A F L Y S G A G I
R R I D W R I G O W A L G A R
O E T D Y H S C Q L R Y T E I
L C F Y Q T Y H T I A S A T O
B G K W U I W O V Z B F D H G
B C R G P E B C Y F R A N N U
R P T I M W A M Z R K Z N V U
F W M D H G M A R I A N N O L
```

CYFRANNU	ARIANNOL
BARA	CYDNABOD
OLAF	MABWYSIADU
GWEITHREDOL	GLWS
SAITH	DATGANIAD
DIGWYDD	MWGWD
GLAWOG	MARCHOGAETH
GYNDDEIRIOG	FFWRDD
YMROI	CYMEDROL
SYLFAENOL	SBIGOGLYS

Puzzle 17

```
Q P D H O N G I A C C Z O E R
A R R I Y L C Z J Y X C L A W
W E W H O Z Z U L D Z W E H W
F I M H W X J C I W C A V Q W
F F W Y C A N O L E E L F A S
E A T E M A B W Y I N L A D M
D T O H N G U M V T L A T I M
O L C I R T E B E H L G O N V
G A S I A N T I B I Y V D E F
C H T Y W G D W S O S B L S C
E E G C Z V E U L Y G F E Y G
Z L D N Y C W N Y S D I N D K
V A P R O F I A Y U L D W D F
G G E P N T I Z Z M S S K I S
```

PREIFAT	MYNEGAI
DRWM	HONGIA
ATODLEN	FFEDOG
SAFLE	OER
GALL	PROFI
COTWM	HELA
DINESYDD	YMGEISYDD
CENLLYSG	CYDWEITHIO
ASIANT	CANOL
TRIC	WYTH

Puzzle 18

```
P D P L R T S E H R G W V G E
A I O M D H Y S A P O I X Y L
P S R Q D J Y F Q E D P A F R
P Y T P F N S W B G D C Y R W
T N R X F I I M L B E A L I G
Z N E A O X N G W E F W L F O
Y W A B R U S A D D A O A O N
J Y D B C B I A Z I I D E L A
B R W C H O R M Q U F C T D R
L O I H T I E B O N A L H E F
A R H A G L E N E L Z W A B Y
S H H D T N E I D R O J A S C
U A N O D D A O H N Y R C J U
S O O X L R J H K D H D N O P
```

BLASUS
GYFRIFOLDEB
RHYWLE
LLAETH
RHESTR
FFORCH
ANOBEITHIOL
SINSIR
CYFRANOGWR
DIFLASU

ANODD
ADDASU
NEIDR
CRYNHOAD
DISYNNWYR
GRAIG
PORTREAD
GODDEF
RHAGLEN
CAWOD

Puzzle 19

```
H Y N A F I A D Î Z C U R A D
X E I Z C Z A H Z C A C H W E
S J W D Y L L U A N L H W R C
Y D G O C D D W T B E E Y G H
S U N I G W V B R I D L D E N
R E T Â L P E B Y A C G D N E
C I F W A M Z Y S H C A I H G
O R H Y F F Y R N I G I N A N
L Z R T L J S D O T I S E D W
E Y K C E L Y O H P A F B A R
G D D D L F D F A H R R L E F
L L W Y D D I A N N U S L T Y
U D R H A Y R D G W L E E H C
L M B M D N D D D O D D O H R
```

CYFRWNG	LLE
FODRYB	RHODDODD
SEFYLL	UCHELGAIS
GENHADAETH	TÂL
COLEG	CALED
DYLLUAN	HYNAFIAD
IACH	UNIG
FFYRNIG	DDIFETHIR
RHWYDDINEB	DECHNEG
AWR	LLWYDDIANNUS

Puzzle 20

```
G B A C X I H K A O E J C I I
I Y E Z T S D D I D D O R O L
W K R R B O L N J I B A D O P
D Z L R Y D O M Q N I L A A A
E D O G W G T V F L C L M N Y
O I W K R R L Q C G P W W U Y
C I P D D I O G E L E Y A J Q
G H M M Y G W R A I G N I W X
L K A V P Y D R E D D O N I M
Y B E B T L L E Y G S G Y F E
W D A I R E M Y C C W Y M P S
E P K V K O I L I W H C R A U
D S D D Z W N E X V P A L W R
P E N D E R F Y N U U Y Z I S
```

CWYMP	PENDERFYNU
PYDREDD	LLEYG
DRWY	DAMWAIN
DDIOGEL	ARCHWILIO
BRON	LOT
COEDWIG	CYMERIAD
GYRRWR	MESUR
GLYWED	DDIDDOROL
BERYGL	GWRAIG
ISOD	LLWYNOG

Puzzle 21

```
U A H N A L G P E L L B C U L
F F A C T O R W I L D T E G H
B D P V L W G E A E G L W Y S
V L O P L O G E D H H O S B V
R D C L D A I V L T A R Y J U
A O U N N A I D D E M R M J D
A T H R A W O N Y A P N D W D
X S L R H Z B V N D N P G D I
D A R G A N F Y D D I A D C E
M L J T Q I Â G W A L L T O C
P F R A Z N T C I V P C U F H
R I A L O N W E M W U V R I Y
E D N A T E S P D K Z D E O D
N Z A X E C J C I Q T S M X P
```

GWAHARDD	DARGANFYDDIAD
IECHYD	CÂN
CENNIN	PREN
COFIO	DEGOL
ATHRAWON	COPA
FFACTOR	GLANHAU
MEDDIANNU	DAETH
EGLWYS	DIFLASTOD
PELL	DIOLCH
GWALLT	MEWNOL

Puzzle 22

```
A G O R W R J B Y R D O M R F
E G L U R O X R M C G O P H M
P F W E H Q C N D E W X O Y M
D H U J I Q B V D G A C E W O
C F E L E T Y S I I H E G O D
C H C W C Y V D H N O F O G F
X Y W L O G Y B E D D N B A E
N T N E Z R E U U Q D F A E D
Y C Q N R F B P R T I O I T D
O E M F Y T A S I P A R T H Y
A Y W A O R H W A W D V H A F
D D A R F Y C I D N K K I U E
D E D W Y D D H N C R K S G L
U W D V L L O S G I T T M I C
```

RHYWOGAETHAU
AGORWR
CHWERTHIN
MODRYB
CEFNFOR
MODFEDD
DEBYGOL
EGLURO
GOBAITH
GWAHODDIAD

CLEFYD
LETYS
CEGIN
CYNNYRCH
PWNC
CYFRADD
LLOSGI
YMDDIHEURIAD
CWCH
DEDWYDD

Puzzle 23

```
I  G  P  H  Q  G  U  C  E  Q  S  F  X  G  L
A  W  J  L  D  M  A  E  L  G  N  I  D  A  J
W  E  T  N  V  D  H  R  U  L  W  W  F  R  F
A  R  C  E  L  L  U  B  G  O  A  Y  G  O  A
T  T  E  T  U  H  L  Y  N  D  M  W  L  G  T
Q  H  C  R  A  P  A  D  U  A  X  L  E  L  M
J  U  U  H  I  F  A  A  R  R  V  T  H  R  E
I  L  X  K  S  M  F  U  E  F  C  Z  C  X  U
J  R  Z  T  Y  T  Y  O  J  E  P  A  U  C  N
H  A  Y  U  L  S  R  B  G  R  Z  Y  O  O  E
C  Y  M  Y  L  O  G  L  H  T  I  A  W  N  U
F  E  R  S  I  W  N  A  P  E  A  I  S  E  L
A  Z  K  V  N  C  Q  E  O  R  W  I  R  H  Q
Q  D  A  O  T  N  Q  N  T  S  B  J  R  B  U
```

PARCH	ERS
UNWAITH	LLAWER
ARFER	BLAEN
LLYSIAU	NID
UCHEL	FERSIWN
AROGL	POT
CERBYDAU	CYMYLOG
ISEL	ATGOFFA
GWERTHU	WIR
CELL	EGWYL

Puzzle 24

```
O S S D M S Y W F P B E R W I
G I K B T G Y A M U C D O Q O
O F E D D A F Y C P Y E U I D
D Y T A C E T D W U F H E R S
R N R N G L M I K R L C N D N
H E E H W O Y H P G Y R W H L
W D U C A N O M S L M E O E M
Y F L R E L Z J U J X M G X G
G A I A L S Y L W E D D A U S
O D O F O F T L P N K J V M O
U D V W D T D Z Q T R Y D A N
S Y M U D P Y B V C Z Q T U T
H Y F F O R D D I A N T N O P
H W Y A D E N N O L E K J I N
```

CLYMU	DUR
ENWOG	PONT
RHWYGO	BERWI
PUPUR	TREULIO
SYMUD	SYLWEDDAU
HWYADEN	SIOE
CYFLYM	HYFFORDDIANT
CYFADDEF	GWAELOD
FYNEDFA	FARCHNAD
MERCHED	TRYDAN

Puzzle 25

```
D D Y G C Y X S Y N A F Y C I
D I E U H L U T M E S M A B G
A W D R C F I F D F P L Â T N
T E T O K C W R R O C O W K H
B T Y A V Z W Ŵ E E A N R Z K
L H B W I C Z I C D Y I E E K
Y A F E H T L S H D R W A I N
G F O Q P U H Y N V W E W W F
U X K A O F M A E S Q L H Z X
G O T I I F G U J R J L C B D
H V I G U O L K O V Q R J B B
I E C O V R Z S Y J T O G H Z
N A W C U D D E U T K G N F Z
F S V G Z D C Y F A R F O D O
```

YMDRECH
MAES
DIWETHAF
CYFARFOD
NEFOEDD
OREN
DDATBLYGU
CHWAER
TAITH
FFORDD

GOT
GURO
PLÂT
TUEDDU
CLIR
MAB
CYFAN
NAW
GORLLEWINOL
SIŴR

Puzzle 26

```
B H Q Q H S G Y S G W Y D D X
C L X N D B L O S Y L F A E N
Y C A S D X N N F A I G Q I M
S Y T S Y C I E M Y R A Y X W
T M O P B I C H U Y N D O B G
A D G C E R B Y D M W N I Y F
D E S Z N A N G H L A X W D V
L I Y C Y F R E S A R X Y C U
E T P L W S A R Y C G D L Q H
U H D W H D Â W I I H F L N T
A A Z A T G Q L Q O C R K C E
E S O U R T Y G I S L E S F M
T O S X W A U B J V Y K R H V
H L S U G Y L O D A C X I T T
```

YMLACIO   GOFYNNWCH
BLAS   SELSIG
CYMDEITHASOL   LLYWIO
CYFRES   PYSGOTA
SYLFAEN   MWG
CYLCHGRAWN   METHU
YSGWYDD   SÂL
BYD   HENO
CYSTADLEUAETH   GWRTHWYNEBYDD
ADOLYGU   CERBYD

Puzzle 27

```
B L I A T Y S T I O L A E T H
P P T Z R O M J D A N Z X C C
U C F O T W F X D R U X G E L
A C Y Q Z S E V O N U M Y X Y
L W R V T D A I T L L Y S Y C
G T G E Q F C A N I A W R A B
Y O Y R N E D E Y Z W I P W
H D L M Y V F D H W D R W V R
T D L P V M N Y R Z D D Y B I
R W P D H J U B Q K E I H L A
E C Q L G N E S B Y W M G Q D
E H Q H W B J Y P J D U N S U
X V F K L M I L C B O E A S U
T J M C T G I D E G N Y T S O
```

CYSYLLTIAD   OSTYNGEDIG
BWRIADU   CEFN
SENGL   PLWM
ANGHYWIR   TODDWCH
ARWEINYDD   TODDI
RHENT   AWGRYMU
ERTHYGLAU   BYDDAI
NODWEDD   ARWAIN
TYSTIOLAETH   CYLCH
YMUNO   LLYG

Puzzle 28

```
O S X O I S I E F Y D D T K U
D H I A M Y S W I L K Y G D C
R W F Q B L C Y M E R O D D H
Z S X H F W W R U D B N H Y A
N O S O N E D Y W N A G H W F
A A C D M D O D E K A Q K D B
F X S K W D E Y O T X W N O W
W Q M L X T E L E R A U Y N Y
G D Y L G S Y G G Y R R U R N
D D W A H R B C Q J P O A B T
J E X N D N K R L Q I H T S J
N L N P E D W E R Y D D U P F
H Q U G L K N R G G W D I A B
D I D D O R O L L Y S R E W G
```

TORRODD   HAWDD
NODWYDD   GANWYD
SWIL   TELERAU
SYLWEDD   LAN
GYSGLYD   CYMERODD
DIDDOROL   GWERSYLL
GYRRU   DDYFEISIO
NOSON   YMA
PEDWERYDD   AWYR
UCHAFBWYNT   DENG

Puzzle 29

```
P Y C H Y D I G A D K H S P A
R A Y S G Y D W O D D L Ô R C
G L R Y S G Y F A R N O G Y A
N X P A F F R O C H T R E N I
W M U H T F I D W M S D R H Z
T R N A O O R Q A X O Y H A R
S E B O N S I I J K P A A W T
O F Z A A L I K N U N O I N U
G F C L O C Y N I D V S D B V
C O G I N I O F C A I O S J C
M E D D Y G O L F S X A R N D
G Y M D E I T H A S V Q U R D
S K B P W V I T G W S C N U E
U Y T L Z I G H G F I W I N X
```

MEDDYGOL   YSGYFARNOG
YSGYDWODD   PRYNHAWN
RHAID   POST
CORFF   CLOC
FFERM   NERTH
UNION   FFRINDIAU
GYMDEITHAS   RÔL
YCHYDIG   GOSTWNG
PARATOI   SINC
COGINIO   SEBON

Puzzle 30

```
N V A S Z D Z E B T G J H H N
A N W Y B Y D D U E A P L Y P
Z M Z G A N R I F U D A O D D
U N A W D A Ô D K L A T R B A
Y N I A L Y R O J U E K D M I
X U S L B Q D I M O L G E Q N
H U J G A V W B Z E S Y M U Y
K O D H R K R Q U D U D Y H F
G S N P C H S H A D A F G O R
P U O G H L L U O S I Y D M E
M V Z R I D Z J F R S N R Q D
H N R Z U A A N A W I D O V N
H Z S W C N N R L C R X T E E
E L I F F A N T N Y G M I H P
```

TEULUOEDD	LLUOSI
GYMEDROL	POBI
UNAWD	HONGIAN
DRÔR	ELIFFANT
GADAEL	BARCH
GLAW	PENDERFYNIAD
GYD-FYND	CWRS
GANRIF	GRISIAU
DRO	DARN
HYD	ANWYBYDDU

Puzzle 31

```
C D Q U G O D I D O G Y L E H
A I L K W Q D R C O S B I M P
M L Z O E X Q X D O Q Z U F I
G L F L R Y Ë R C L L I N N E
Y A K L T H Y F Y Z O G P C G
M D H I H H T K A T N L L Y F
E A S N F K F U U S O U A N C
R X A E A S G W R E S D N H Y
I N P L W T Y A L A R T H A H
A E M L R C E N O P E H I D D
D G W R Y C H B D T P H G L C
N K G R O M R W O O J F I E F
Z D K X T J W G W T D G O D V
F Z E X T X S S Z G H L N D D
```

TEBOT	COSBI
GWRYCH	CRËYR
HELYG	GLUD
CYNHADLEDD	LLINELL
GODIDOG	ENNILL
SYNDOD	CNAU
PERSONOL	ARUTHROL
GWRES	GWMPAS
GWERTHFAWR	CAMGYMERIAD
DILLAD	PLANHIGION

Puzzle 32

```
L G G P A B E K I H T C P I T
J J H O H T S Y I Y O Y R I X
D Y L E W H C Y D D D T E S P
A E L T N X O A D R A H S Z I
L H A H L E H Y R E I R E P J
W H E A B G S S A F S U N A L
G N D C F C W Z G W Y D N L N
I F T H J F W L V C B D O L G
C O E S A U R N I O S O L Y O
R V N G V H T W Z T Y I M T E
X E Z I D I Q P Y B H F V H S
A M G U E D D F A D W O I Y M
S W Y D D F A E N F R N Q R J
G U F Z K L O N Y I S O M E P
```

CYTHRUDDO	GWLITH
HYSBYSIAD	BAE
NOFIO	BWN
FFRWYDRO	GOES
GWLAD	DEALL
COESAU	DYCHWELYD
POETHACH	LLYTHYR
AMGUEDDFA	PRESENNOL
GARDD	SWYDDFA
EMOSIYNOL	HYDREF

Puzzle 33

```
H Q S S K B T J C S C B M D Q
Q Y C N Z I H J Y U N R A T N
Y E B N A U P K F B Z E P S I
J V D L S X K D R J X C L I O
F H B H Y N D P Y T C H E A Q
D D E O W G O D N R Y D Y T H
A E T I P S C G G I N A R N N
I L A T J E H L A O N N B A S
R L M L O D R F U N Y A Q F L
E O Y L L D A I H G D U S U U
F C V Y M U U E C L D A T E B
D W Z W K U S D E N I A D O L
A P M G O N N E H C R E P F L
A M R Y W I A E T H A X P Z H
```

DENIADOL	MAP
DEALLUS	CYFRYNGAU
COLLED	OCHRAU
DDESG	AMRYWIAETH
PWYSA	TRIONGL
FANTAIS	ATEB
HALEN	YMATEB
CYNNYDD	PERCHENNOG
GWYLLTIO	HYBLYG
ADFERIAD	BRECHDANAU

Puzzle 34

```
R E L F E N N O L S C T F W H
F A D D E F Y H R Y Y R L L J
Z F G O D W F N X M W O Y J F
C G T L D D D O L L I F N D H
V Y D U E O H R F E R A Y D W
V L F A T N Z O C I D N D P D
T O B F S U K M W D E N D O I
E G E G I P V L Y D B O O S Q
U J O W E C V P C I N L E Y M
L G O G L E D D T O F N D A B
U L K W Y L T E R P R V D F E
V C P N Z U L E E N A L L A F
P L E N T Y N E W L D C Z U N
Y H T E A G O D D Y W S T S V
```

RAGLEN

GOLYGFA

MORON

TEULU

ACT

SYMLEIDDIO

ARF

SWYDDOGAETH

EISTEDD

HOE

ALLAN

FLYNYDDOEDD

PLENTYN

LLED

TROFANNOL

GOGLEDD

RHYFEDDAF

ELFENNOL

CYWIRDEB

DDOL

Puzzle 35

```
B B S A C G F A R O H G A G D
E R B V L W A F H S S W M R D
I E E I L L L I A X C R S A I
C S C X A E F W I R U T E W W
R E T F F Q C O M G U H R N E
Z N O Y D L O P R N T R L W D
V N L Z A M C R Â I R Y E I D
N O K Q M K W Y I T O C N N A
I L Z D R Y W Y D D N H R U R
A G A M U W P P S H E P R F J
H L L A I N W O E Y S F O I K
C L Q E Y M R E D L Y W H N A
Y A J L Z F N N H E H I S I H
B D R F C V W I H Y B Q Q P X
```

GWRTHRYCH
BEIC
DDIWEDDAR
GRAWNWIN
POENI
GAMU
RHAI
MADFALL
LLAIN
CAR

ALLFORIO
IÂR
NES
BRESENNOL
DRYWYDD
CWLWM
SBECTOL
AMSERLEN
ANHWYLDER
BYCHAIN

Puzzle 36

```
G D N P P B W R D D T P P W Y
D R T Y V Â V L L J X E S I G
E W O Y T P L A I L Q T X N W
G I G N R F A D A U E H K I A
J H Y I F U A D D Y S G I R R
Q T C L W A Y N N I Y G E T I
S I X G V L O S A D D R U T A
H E F N A D R L H L S E F S N
W R X E R A L S G L F L Y I T
W F G P Y D N D P D L E T R M
N Y T V V K X F V U S W L T W
P C V J U H P C O R N G G X T
X F J Q R B A A U J R R B P F
Y O P X L Z M M Q Y N A I H K
```

ADDYSGIR
TEGELL
GRONFA
GWELER
TRIST
DADLAU
URDDASOL
GWARIANT
PETH
TRIN

CYFREITHIWR
TYFU
PEN-GLIN
YNNI
CORN
PAM
PWY
PÂL
BWRDD
DAIL

Puzzle 37

```
O C D I S T A W R W Y D D D C
F Y Y M D D A N G O S B D Y F
G F T V I S B F R S I J D N D
C Y S Y Q L L A W L Y F R I M
D N E Z X L G L N K M F E O E
Y G W V X E A A O G U G N N L
H U G W O G S T W I Y M Y E S
J N A W F R I F Y Y S L D V P
D A H Z V E O S T A E C C P F
Y C N E T O P G H S T C W H M
V A D N T C R R N W L S G Ï O
E W I N E D D E O G O J H Z K
P O C E D Q W C S K H E O I J
S X F O S R G H I I V P K W W
```

LLAWLYFR	CANU
GWESTY	EWINEDD
GYLCH	HET
DISTAWRWYDD	ENFYS
CYFYNGU	SGRECH
POCED	DYNER
SETLO	SIOP
OERGELL	DYNION
YMDDANGOS	SGÏO
TALAF	WYTHNOS

Puzzle 38

```
R H E I T H F A R N X W P G Z
C B T N U L A F Y D I A F E D
H Y W K A S H W B E R W R B Y
U S F H N D P E O Q Z F E N C
X W H L N D A R F U I E V W C
P D B S O N I L B I S S P W H
G Y D Z T G I S Y W P U S W H
O P H A D N I G T G P L H Y R
L H L U O Q Q O K W P W B X H
A L U L M U S F A R Y L D Z Y
U A H G A S V O F A V G P R F
G M Z I R W L D E N E C J I E
H L F D I G O N U D Y U B Z L
R H Y B U D D M S O W F O X K
```

FESUL	RHYBUDD
DEFAID	GOLAU
DYFALU	BERWR
CYFLOGI	BLINO
CENEDL	PWDR
RHYFEL	PWYSIG
GOFOD	LLAW
RHEITHFARN	TONNAU
AML	GWRANDO
DIGON	DARFU

Puzzle 39

```
L  C  H  D  M  G  Y  F  S  P  Y  B  Q  W  Z
R  A  Y  N  R  W  N  R  A  B  Z  R  D  O  W
A  N  F  P  J  E  D  E  A  R  T  E  L  G  O
H  O  F  D  Y  L  G  N  T  H  N  C  F  G  H
U  L  O  Z  L  L  N  A  D  A  Q  W  Y  W  N
N  I  R  P  L  A  W  B  G  M  N  A  T  E  C
L  G  D  D  E  W  I  S  W  C  H  S  Y  I  B
Q  S  D  P  E  C  A  P  A  N  Q  T  B  T  R
E  X  W  K  R  E  R  C  E  P  J  Z  S  H  I
Y  Y  R  H  K  Y  S  A  P  R  W  B  Y  R  F
L  P  A  G  A  V  D  D  G  X  G  D  I  E  W
Y  E  D  M  U  N  E  A  D  E  L  L  G  D  B
L  L  A  C  H  A  R  D  U  H  N  Z  P  U  D
C  Y  F  F  R  E  D  I  N  O  L  C  A  J  Z
```

PRYDAU   NWY
DEWISWCH   BRECWAST
CANOLIG   HYFFORDDWR
GWELLA   BANER
BRIF   LLACHAR
CRAGEN   CYFFREDINOL
CAWL   LLEDAENU
GWEITHREDU   BWRPAS
YSBYTY   TRAED
HUN   BARNWR

Puzzle 40

```
P G J Q X C A T R W C H U S D
A W Y H E Y D R T E L E D U C
N E W C E F Y U D R T Y C M E
N I R W O U L N E D N F T Y R
A T V S V N H Y B X U F K Y D
S H Q Q P I C Z C L I L J K D
K I J F N A Y E W V O I L V O
P W R T G D L J U W W S Z H R
Ŵ R G I C B L Y N Y D D O L O
E L G D V R A R B E N N I G L
R E D O N N E P T W N F B C J
O G S I W G D D K F O N W F C
T E N R L Q W A U L F A T D J
F G R P R G W T C D A R A I S
```

SIARAD	ARDDULL
TRWCHUS	PANNAS
GWISGO	AFON
DWFN	LLYCHLYD
TAFLU	BLYNYDDOL
PRIODI	TELEDU
PŴER	GWEITHIWR
CERDDOROL	ARBENNIG
PENNOD	CYFUNIAD
CREDU	SILFF

Puzzle 41

```
R G O H C R A M E M N X N L D
H W C G E N H E D L A E T H I
E E K Y S E F Y D L I A D S O
S I D Y N O N N Y F F E P A G
W T X F Q N B E L L A C H I E
M H I U A D A W N E L F Y C L
C R A I D O D R U D W A A H W
Y E L X D O K K N F F R E S C
M D L O U D L Q Y A Z D K S H
Y I A S Y N O G R E K W D G F
S A F A D T N E B A L F F I N
G D E P R C Q V T C T P R D U
U H C Y N Y M C Z H D C V J S
C Y F R E I T H I O L Z O L I
```

SEFYDLIAD	CYFREITHIOL
CYNNAR	FFRES
CYFLENWADAU	FFYNNON
GWEITHREDIAD	DDOETH
CYMYSGU	BRYNU
AWDURDODI	EFALLAI
BELLACH	GENHEDLAETH
MYNYCHU	ASYN
RHESWM	FFIN
MARCHOG	DIOGELWCH

Puzzle 42

```
C  T  I  F  C  D  Y  Z  C  Y  N  N  A  L  K
Y  S  P  F  O  Z  P  M  R  W  P  G  E  W  C
F  U  Ê  O  C  K  G  C  C  C  F  W  V  D  O
E  L  L  S  H  R  S  Y  X  H  L  S  O  A  P
R  C  V  L  R  S  S  A  B  P  W  L  Y  I  R
B  C  H  G  Y  W  H  N  Y  T  H  I  C  L  Z
Y  R  X  F  A  S  U  P  A  H  Q  R  L  L  W
N  D  Y  L  E  T  S  W  Y  D  D  U  O  U  V
I  Y  M  S  E  F  Y  D  L  W  Y  R  L  N  Q
A  F  W  V  K  S  A  H  T  I  E  D  M  Y  C
D  P  R  O  F  F  E  S  I  Y  N  O  L  C  U
K  K  G  N  I  W  E  X  Z  D  G  W  A  L  L
P  F  P  K  R  H  Z  V  G  Y  U  W  A  U  H
G  R  A  Z  P  G  C  O  F  F  E  R  Y  N  N
```

GWALL	YMSEFYDLWYR
SYLW	COCH
CYNNAL	COPR
SYLLU	PÊL
DYLETSWYDD	CYNULLIAD
HAPUSAF	NYTH
OFFERYN	CYFERBYNIAD
PRIF	FFOS
YMCHWIL	CLUST
PROFFESIYNOL	CYMDEITHAS

Puzzle 43

```
W F P O L X A C S M R Y H M L
B E N I H C Y R T W A N T E L
B N R D A D A N S O D D I D E
B C W T F A O U E F O T A D U
U O L D H F Q L W G W R W W A
A F I Y T R A Q A O N O G L D
V I M N R E O T J I U I B U Z
L H L W W O Y T M D S E N X Z
L I G A Z L K M X L B Y A W B
I D L R M A G W A E T H A F C
W M B E Y I L E F O D D S N
I W U D O D Y W B S K P M V U
D T R Z S D W U Q A R B E D Q
C Y D S L T A R D I P L O M A
```

LEFODD
DIOG
DYNWARED
DADANSODDI
ARBED
LLEUAD
GWAETHAF
MILWR
DIPLOMA
GWAITH

AIL
AFREOLAIDD
WERTH
CWNINGEN
LLIW
MEDDWL
WAN
WRTH
TRYCHINEB
BWYDO

Puzzle 44

```
C R N E P J V P D I U B M H G
D C B C X E J T Y N Z E M E W
G C O Y D K I J W L T G N U R
V X R O O I H T I E F F E L T
R K A S Z C D P L N L L W O A
S P F O R W E N A R F Y C G I
W E L O D D D I H O N A E X S
Y W D A L F A T N C N U W T N
H G O R O E S I Y I D M Y L O
R O L W Y N S T C X O R P G I
N F F P S J R W B E R G W N R
U A D Y W Y B G F L A F A S I
B O B L O G A E T H I R Q U W
S Y L W E D D O L I D C L U G
```

RWBER
OLWYN
EFFEITHIO
GWRTAIS
DRWS
GOROESI
BOBLOGAETH
CYNHALIWYD
UNRHYW
CYFRAN

SYLWEDDOLI
CEINIOGAU
WELODD
TAFLADWY
ETO
GWIRION
BYWYDAU
AFAL
HEULOG
CORNEL

Puzzle 45

```
P  S  E  T  E  S  G  Y  R  N  G  T  Q  A  P
B  O  E  N  U  S  U  I  Y  G  Y  H  W  R  O
D  W  F  A  D  H  U  P  V  G  F  R  Y  F  P
U  Y  S  I  N  F  O  Z  H  K  F  Z  S  I  E
T  V  G  H  R  W  A  F  N  E  R  S  A  V  T
S  Q  V  C  L  B  X  H  I  L  E  Q  B  L  H
B  V  I  R  Y  L  E  K  E  B  D  S  J  W  B
K  Z  U  Y  W  V  W  T  M  O  I  Q  S  K  E
I  G  X  G  G  O  V  G  X  P  N  D  D  M  N
B  Y  A  S  S  G  N  W  L  L  O  G  J  A  T
W  I  W  I  I  X  R  D  A  Y  L  S  Ê  R  H
V  A  Z  D  D  O  L  R  E  M  D  W  L  H  Y
G  W  A  S  A  N  A  E  T  H  Y  E  B  G  G
P  E  N  O  D  I  Z  C  P  L  Y  G  W  C  H
```

OFNI	HIL
ESGYRN	POBL
BOENUS	GOLLWNG
MERLOD	POPETH
DISGYRCHIANT	TWF
DISGWYL	SÊR
BRIFO	LLWGLYD
BENTHYG	ENFAWR
PENODI	PLYGWCH
GWASANAETH	GYFFREDINOL

Puzzle 46

```
G M G J Q Q C S C D O L N B D
D W X M B V L Q Y D D K M P Y
J R T K O S Y W P Y H E J W M
R U A H C M F P O N A J Q Q U
J G M E I J A H T I A F F E N
M A R T N O R I M O D A I D I
E I T L O O H T I N E W G C A
L N S Z R S G W E R H Y D D D
B R E N H I N O L I F L X Z A
O A N O Ï T R A P Q R D W C U
R L E G Y N T A F H V A K M Z
B X F N P E R F F O R M I A D
X D F C A T K F H M U R E C Y
A T G Y W E I R I A W E F R D
```

UGAIN	DYMUNIADAU
PARTÏON	EIRA
DDYNION	BROBLEM
EFFAITH	CLYFAR
PWYSO	RHYDD
BRENHINOL	FFENESTR
DRAENOG	GYNTAF
GWENITH	GWTHIO
CAT	DAID
PERFFORMIAD	ATGYWEIRIA

Puzzle 47

```
L F P Z H G J O R W V H N R T
D O E T Y F A R I R Z B C T H
D I R Y T K M I Q C C V A S E
R H D I R S Y T R J L F E E R
A T U D A I D D Y W G I D L M
I I L H C W N U M Y E I N E O
G E L T H W E S I G C P O R M
X T N A U N W G K A F U M I E
B I N C A N L Y N I A D A U D
C Y M W Y S U L A F O H N D R
F N T L A P E B U O P Y I E U
H Z N D I L H G F J K S S W H
X T P B A Q L P R Y S U R I S
P O B L O G A E T H I Y I S C
```

YMUNWCH	CANLYNIADAU
HEULWEN	DIGWYDDIAD
SINAMON	DDRAIG
HYTRACH	OFALUS
PRYSUR	THERMOMEDR
DULL	LORI
GAIR	POBLOGAETH
LLAWN	DEWIS
GWN	TEITHIO
CYMWYS	SELERI

Puzzle 48

```
C G B I I V D T X U R Z P T C
Y V O V J Q I A N G I T O E O
F E F R A G O L C S A W T I F
F A U B F M D F J Y A V E T N
W N P M T F D Y K D N L L L O
R G C P L K E R W P U Y I R D
D C J N F A F I R B T J D B S
D M B N S J W A W J F P Z D I
Z H F G K K R D O W Y N E M U
G Y F L Y M C A N L Y N I A D
L L E N N I G Y F R Y N G A U
M H A B Y C O F N O D I O N E
A N G E N R H E I D I O L K J
M D Q I C H W I L F R Y D I G
```

GYFRYNGAU	DIODDEFWR
TEITL	MENYWOD
CYFFWRDD	CYNYDDU
CHWILFRYDIG	MAM
COFNOD	GORFF
CANLYNIAD	TALFYRIAD
LLENNI	ANGENRHEIDIOL
EANG	DYSGU
COFNODION	GYFLYM
BWY	POTELI

Puzzle 49

```
F A B A R A F Q G X Z F Z B G
H A W A G R P I U P E F R F L
C V L A H A P N Y J Q E R G A
R R C W T L B M Z V O H J W S
A X Y M E L K B P D I O I E W
D H W S A N O I L O D E O L E
A F D W L H I D N S S G G Y L
M N A V E E S O E E Y F Z C L
R S N W H H I N U O W U N H T
X P F G B L E B A R F A L C S
R V O P O P C R D C F E L I N
M E N Y N R E F D A R S A A E
R E T X L V A Y D Q O I H R G
F U N U U Q K U Z H G V D B W
```

GWELY   CLWB
OFNADWY   GORAU
HELAETH   FALWEN
CEISIO   NODI
ARALL   CRYS
GORFFWYS   BRAICH
MADARCH   NEUADD
GLASWELLT   OEDOLION
MENYN   FELIN
CROESO   ADFER

Puzzle 50

```
J J K B H D P F D M K U W D G
L A H J U D E F N Y W C A V O
C I G H L E R R T T N Y C D R
Z Y D E G R Y W P B A O A C F
E H R S I A G Y C P B N L A F
D T X R S W L T H P A U H R E
T Z G H A D U H B Y C T K T N
M J T S D E S A B Y H Y N R C
I K F U C B D U C H T C O E E
A G O R I A D D A U R Y S F L
D O S B A R T H U J D D C B F
M Y F Y R I W R Q G E D E H R
A R C Y H O E D D U S T I N W
M A W R Y Q R O V O A T N O B
```

MYFYRIWR	CELF
MAWR	CABAN
PERYGLUS	DOSBARTHU
CYRRAEDD	RHEDEG
GORFFEN	CARTREF
BONT	CYTUNO
FFRWYTHAU	CUDDIO
BEDWAREDD	CYHOEDDUS
CYN	DYNOL
DEG	AGORIAD

Puzzle 51

```
A W M H F P Z B P S L I H I U
W N J T V N O I L Y N A M D A
C H S E A T S E G W R T H O D
A A U A H R F B T Z E Y S S D
R M N I W F W R R H C R A L A
P D F D S D D D J Y L V H G M
E D O D N D D Q Q H S M N D L
D E F Y K W R I W G K I D C O
L N A D U G Y Y W H G H W I U
T Y I I D R E F N A S E D C E
Y H E E S E F Y D L U L O N H
X M L L A N G H O F I O D B G
Z E R W W U H J W Q H O B R N
P M W G O L F Y C K Y H I I A
```

HAMDDEN	ALARCH
GWDDF	MANYLION
ANGHEUOL	LEIAF
GWLEIDYDDIAETH	YFED
BRYSIWCH	DREFN
ANSAWDD	SEFYDLU
OFNUS	HYN
POETH	CARPED
CYFLOG	MADDAU
GWRTHOD	ANGHOFIO

Puzzle 52

```
U R P P H D T N I A M I C T L
T J D A C R B R D U W I U L P
O R I L O I L I O R A D R O F
Z R A F E N E A L S M O I D A
T U I D D G W D L S E F A I I
D R R V D O O A Y D H D D D N
C F E L U O G C W A H W D G T
P T M F N L D J T E C A D M H
L Y S Q N S N I U T K R X E V
S T W L Y U S A A H Y B K L M
A H C G T U R M Q D S V D B W
W R T H S E F Y L L O I R A C
T R O S G L W Y D D O L O T E
C V C M Q B X G Y K T O U X T
```

FAINT	CWSMERIAID
BLEWOG	TRADDODIADOL
CADAIR	COED
CURIAD	MAINT
BRAWD	DAETH
TYNNU	DRINGO
TROSGLWYDDO	TREFNU
TLODI	WRTHSEFYLL
TWYLLO	CARIO
TROSEDD	DARO

Puzzle 53

```
V  J  G  D  S  H  G  W  D  J  O  E  N  Q  T
C  Z  R  P  Y  X  U  D  N  Y  N  E  W  G  W
M  H  T  E  B  W  Y  H  R  Q  S  G  E  E  Y
E  E  W  C  E  I  R  I  O  S  G  G  R  N  M
D  Z  H  A  N  N  Y  V  R  M  L  Q  L  G  Y
N  V  E  A  R  R  K  B  A  Q  D  R  A  H  N
C  U  R  G  M  A  H  Y  T  C  F  I  F  R  D
V  N  N  Y  F  R  E  T  O  A  L  L  O  A  E
I  N  E  L  D  C  Y  O  R  S  B  Y  I  I  D
C  Y  F  O  E  T  H  O  C  A  F  W  D  F  F
N  S  P  R  M  E  L  Y  N  D  B  G  T  F  R
E  K  B  T  Q  P  V  M  F  D  Z  S  L  T  Y
W  C  T  E  M  C  O  P  A  A  C  I  O  Y  D
T  S  A  P  T  S  Z  X  K  I  I  D  O  D  P
```

TERFYN	TWYMYN
DOSBARTH	WENCI
DISGWYLIR	CYFOETHOCAF
HER	MELYN
GWENYN	CHWARAE
TARO	DEDFRYD
SYNNU	ADDAS
ENGHRAIFFT	RHYWBETH
PETROL	DYSGL
CEIRIOS	DIOFAL

Puzzle 54

```
Y  M  D  R  I  N  D  W  P  S  G  T  O  I  K
D  F  O  U  O  I  A  L  D  W  A  H  H  F  U
Y  F  D  M  H  N  N  A  A  D  L  E  Y  D  T
B  A  U  G  N  E  G  D  L  P  U  L  T  M  W
L  I  E  B  Y  R  O  W  Z  S  W  W  H  H  E
Y  T  C  W  R  B  S  R  N  S  L  O  Y  F  U
G  H  O  L  C  U  M  I  A  R  B  R  A  W  F
I  C  D  B  D  O  R  A  D  H  T  R  W  G  B
C  Y  F  L  W  R  Q  E  L  L  Y  N  G  Y  R
L  C  D  R  K  J  V  T  G  T  W  N  J  S  Y
B  I  T  H  A  D  I  H  T  E  L  H  M  Y  G
G  W  A  S  A  N  A  E  T  H  U  H  T  P  P
Z  Y  F  U  R  C  Y  F  A  R  W  Y  D  D  C
D  A  D  A  N  S  O  D  D  I  A  D  L  J  T
```

LLYNGYR	GER
CYFARWYDD	DADANSODDIAD
SAETHU	DANGOS
CRYNHOI	PWLL
YMDRIN	GWRTHDARO
CYFLWR	WLADWRIAETH
BRENIN	GWASANAETHU
DYBLYG	ARBRAWF
CEUDOD	FFAITH
BIT	GYMHLETH

Puzzle 55

```
S O Z N J M O S C L F L L E B
J O F J J S D D Y W Z S L L Y
Y S L N O O C D F F H Z Y K O
S Q R L L O G Y R V R S W A C
G A G K K I H T I W H C O F B
W O N R E E C N F N U H D L Z
Y Q L I E N W I I T W O R L Z
D C U O A O L E A X L M A Y E
E G O Y N L F D D A O S E F Y
R H O S P A W E U A D A T E E
U O I C T G C C R M X K H S Y
F U C H D E R R H P R A W F M
F R L G Y F R E I T H I O L Y
P R I O D O L Y W G S I D D L
```

LLYWODRAETH
CANOLOG
BELL
GYFREITHIOL
UCHDER
GALON
DDISGWYL
DEINTYDD
FLWCH
YSGWYD

CYFRIFIADUR
CAWS
DAU
SEFYLLFA
PRAWF
CHWITH
COST
ANIALWCH
PRIODOL
FFURED

Puzzle 56

```
D M S R G I Q G C G U T U K A
S N U D D E O D D Y N Y M J N
G T U E P G O G A A N D V X L
B E N I S A C I X A I N L F C
D S N C M V F E H Z B X E I E
A Y A G O R C H U D D I O S N
L Z L D A T R Y S I U I G K H
M Z F E S I G L E D I G X M A
I D I A W G O E D W I G H H D
E P D D Y H C Y S E R B K E A
T X I M C C N A J C G P L E
Q K T X Z I K Y Y O E D W O T
B U N N O E D D D E W G A I H
B R Y S I O G S E N W E D I S
```

CENHADAETH	AGWEDD
SIWGR	TEIMLAD
CYNNES	BRESYCH
BRYSIOG	WEDI
DIFLANNU	DYCHWELYD
GORCHUDDIO	HELO
GOEDWIG	CASINEB
DATRYS	MYNYDDOEDD
EICH	BUNNOEDD
CYW	SIGLEDIG

Puzzle 57

```
G M W Y N G L A W D D T D P J
I R E D D O H R L A D R F I N
F Y O T M S U Q L I W I H H R
O S I N V W L V U L A N J A J
M D G I Y P U J E I E I J N V
D T S F K N J W D W B A N F G
R L A E C A N G K H V E P O A
Y O I N I B I A S C F T M D R
S N N Y N W U M U M X H Z O E
U O D C F U T L L Y S Y C L D
F F A F R I O L C A W Z Z N I
E A B P C Z W L A Y U L H H G
I S U T Z O X F D D E D V A I
G Y S T A D L E U A E T H V H
```

TRINIAETH	DACLUS
HANFODOL	DEDDF
MWYNGLAWDD	LLU
GAREDIG	GRONYNNAU
GYSTADLEUAETH	SWP
YMCHWILIAD	SYR
SAFONOL	SAIN
CYSYLLTU	SAIB
FFAFRIOL	RHODDER
CYNEFIN	DRYSU

Puzzle 58

```
C M Y P M L L W S J T X D J Q
N Y N R U S Y C J A S Z U A G
A S N W D R A P L V M T F Y W
R O W L O I R I W G A D A H R
C R A Y L B U W C H E I Y L E
G D N W D U D A I N R A F Y D
A U S E D D N Y L E G N S L M
M L E Z I S O Q P P C C P D Y
P H F A A A T G G C V B V B L
D C Y D W R F X O A V J O Y F
S A D D Y T N E W L E H H M Y
U M L I N P V F J E C A J W C
Z L O W E P E B Z B O T F H C
X G G B B G W E I T H I O Q J
```

GELYN
CYFLYMDER
GAEAF
GWEITHIO
SWYDDOGOL
ANSEFYDLOG
DROS
GWIRIO
MUDO
MACHLUD

RHAD
DIANC
CRANC
CYNLLUN
ELW
DYFARNIAD
PARDWN
CYSUR
BENYWAIDD
BUWCH

Puzzle 59

```
G  S  N  Y  C  A  C  K  Z  L  B  W  D  E  R
T  M  X  C  W  G  U  G  W  L  R  E  D  N  E
S  S  R  L  F  I  O  H  F  C  E  V  O  W  V
I  K  W  O  C  D  H  F  D  A  T  L  R  I  L
A  T  A  L  I  E  R  F  Y  N  H  Y  R  U  K
Q  B  L  P  R  L  U  B  E  N  Y  W  O  L  P
K  P  C  J  T  E  N  K  F  G  N  H  D  C  H
V  N  Z  C  S  W  V  U  F  G  O  T  O  H  Q
G  Q  E  M  C  N  C  I  A  O  M  R  R  W  Q
T  O  Q  D  A  A  M  E  H  T  E  O  P  A  W
Q  L  I  Y  F  W  N  Z  C  P  L  M  M  R  T
J  Y  K  Z  E  B  L  Y  U  I  U  L  Y  E  N
Y  M  D  D  A  N  G  O  S  I  A  D  H  U  F
V  O  P  A  M  R  A  N  T  I  A  D  O  S  H
```

MORTHWYL	ENWI
CHWAREUS	NAC
DWBL	ANWELEDIG
YMDDANGOSIAD	CLAWR
UCHAF	AMRANTIAD
DORRODD	BRETHYN
THEMA	ROI
LEMON	TAD
GOFYN	TRI
WYNEBU	YNA

Puzzle 60

```
Y C G B V S Y D L S B K F Q T
N Y W X L F Y E A Q Q I X L V
Y L A M I A I M Y S T N A L P
S C H Q Y H N Q U H S B Z W A
I H A Q J T U H A D L G S Y E
G L N E A I H Y I W I M K D N
C Y O L C E C V U G Y A I R T
M T L E G W I N A J I D D O G
U H D A D F W G M M N O D C C
T Y R D D E I F I O D I N E R
C R C A N J O J X M D N X R O
O D D Y W L G S O R T I N W Y
C W Q V D H R E M S W C V S R
O T W G R G K M R N E F U G K
```

CWSMER
SYMUDIAD
TROSGLWYDDO
BLANHIGION
CINIO
CLO
DEIFIO
GWIN
RECORD
MOM

CYLCHLYTHYR
COCO
ADAEL
LLWYD
AWYDD
EITHAF
PLANT
YNYSIG
PAENT
GWAHANOL

Puzzle 61

```
G A M D D I F A D U Q H T E N
D I S M T Y P R N U L P Y T R
I H G T D N N N Y W N A W G H
W L N F R I Q D T Q E O O Y J
Y H P A R W D O C S M C D F R
L G L I B A B L L Y B B Y O A
L C J K I E N L U W Q O J R R
I W O I D A R N O F F B Q Y O
A V J C V Z E Y B E R S O N G
N H K R C E T W G W Y N E B L
T M V W O X S D O L F A R Y I
K V A T A C A D S G U S R L H
U F P K Y R R M A N G S I W R
D K V I H L B Y M Â N F J G F
```

BABI   BERSON
RADIO   TWRCI
BRASTER   TYWOD
GWANWYN   BOB
YFORY   WYNEB
GWLYB   DOLL
GIGFRAN   AMDDIFADU
AROGLI   MÂN
DIWYLLIANT   FFON
YMDDWYN   BERYGLUS

Puzzle 62

```
B C R M Y N E D I A D U W L M
J D E H T R A B N A H R X C P
Q O N F W E B A P N E Y A A W
Y N T C F Y E I G O L U Q T U
Y R C W S Y D O G S Y C B H Q
M A W D T M L W U B L H J W K
W V R D C P O A A R H O D D S
E R W M R E F F O I D U T S A
L U F G N R I Y W U T S O H A
I L A W R S R T D X T H V N Z
A G L Â N L F U R E H Y K Q J
D E S L O N Y F R E T N D M V
T G N O L H C Y D D E H V P L
J B S D I A Y M A T A O G M C
```

RHANBARTH
CYSGOD
HEDDYCHLON
CEFFYL
YMWELIAD
FFERMWR
RHODD
CATH
BWS
MYNEDIAD

GLÂN
DON
TERFYNOL
GEG
RHWYDWAITH
LAWR
AETH
ASTUDIO
CWRW
CYFRIFOLDEB

Puzzle 63

```
P E N W Y T H N O S U A D X Q
P P Q R B N G H A E J B R S M
H G V S D Y N R B N A D A C F
U L O I D D Y N F E D D M I S
A E T D T A W E L O X I A G I
H M I A F E D L E R T A T T D
D J R R T X A I K C L M I M A
D G A Y I W C W D A U E G U N
Y L D I W S H N E I D I O A
H I A P G I P C Ô K C A W Y I
R Y N P K N O D F H C C D H D
L A D I A N E L F A T A U Z D
U G A N M O L I A E T H U S P
D A T G A N I A D M O C H Y N
```

DRAMATIG
CHWILEN
GANMOLIAETHUS
DATGANIAD
RHYDDHAU
NEIDIO
CADWYN
PENWYTHNOS
CIG
TATWS

ACADEMAIDD
TAWEL
CROEN
EIRIN
MOCHYN
DDEFNYDDIOL
TAFLEN
SIDANAIDD
AMRYWIOL
FFÔN

Puzzle 64

```
C D N O D W R U Y J N D X R U
B Y Y P L W O B C Q P R U Q U
U L N B P L N D H G W A Z F
D L A G Q E I U E U A G R M N
D N R H O W F F A R G F O Z J
S I D C B R Y X O G P S S R U
O H A Y S I A L L G A T Y W O
D T D I W E D D A I Y W R G M
D R E V Z C K C I C V D T I I
I E A N N I B Y N N O L D N A
A W R H Y N G W L A D O L E R
D H S T T J D M A L C J Q B D
L C Y S T O D M W N C I O R S
C R G Y L L C Y L B W Y A A Y
```

RHYNGWLADOL   ANNIBYNNOL
ADRAN   CEIRW
YSTOD   NOD
DRWG   CHWERTHINLLYD
IARD   MWNCI
BOWL   GRAFF
ADDEWID   UCHAFSWM
BUDDSODDIAD   CYNGOR
LLAIS   LLIFOGYDD
TRYSOR   ARBENIGWR

Puzzle 65

```
U H Z Q C Y A S M W F U W W L
K F A Q N A U L L Y T T E S Q
C I R I I A I N W K N N L C Y
Y T Y F O D D N H A S K E A C
N A R T I I G W A E D H D X Q
N N E G Y J L Y Q X I I I X E
I H M A O Q R E D Y R P G H H
G Y L L I D D O D U T T A Y M
C B F W L M P N P B E C E L O
M L L D I D D A N U R I T I R
L Y R J S R K Y C X Y O H F G
C G F P N I W E L L R O G Y R
M S K K Y M A D G I Z F B A U
A N R H Y D E D D U S M D I G
```

GWAED
PRYDER
ANHYBLYG
CYNNIG
HYLIF
IDDO
GALW
MORGRUG
CAIN
BROGA

GORLLEWIN
DIDDANU
TYFODD
ERYR
MAD
ANRHYDEDDUS
SET
DELIO
TYLLUAN
WELEDIGAETH

Puzzle 66

```
W A L G I D D E O H Y G R A N
T A L U D A A Z D J J A S V H
A V Z F O I R R O T K N L Q R
Y V P A G L A H G H T G R T M
N A V L S O R A D A N E G N A
F S Y L Y H G H L D N L D O A
N E G I C T T R W G E F E R D
I S Z S I E A K Q D G I O J B
L U G A D Y U H J X N V X D S
F L T Y W Y L L B B A O R Y I
Q A Y D S C Y D B Z G T J S B
X S L F R W Y D W A I T H U W
X Z H C R B A T H O D Y N H F
F F O I H T I E B O G W V V Z
```

CYSGODI	ODL
FALCH	ASESU
GANGEN	ETHOLIAD
DREF	BATHODYN
TALU	AROS
ANGEN	TORRI
ANGEL	LLYFR
RWYDWAITH	DARGANFOD
SILLAFU	TYWYLL
GOBEITHIO	ARGYHOEDDI

Puzzle 67

```
D  H  T  E  A  I  N  A  H  A  W  G  F  H  H
S  S  L  F  N  Ê  R  T  Y  J  V  I  F  C  U
B  Y  I  R  M  W  V  Q  E  N  P  U  V  Y  N
P  M  L  N  B  W  R  Q  T  I  Y  A  F  M  A
G  W  I  R  I  O  N  E  D  D  G  V  F  H  N
D  T  F  G  D  R  G  J  U  G  G  R  E  A  I
I  Z  R  R  Y  U  M  A  N  A  Y  I  N  R  A
O  N  O  I  Q  K  B  V  U  L  F  V  S  U  E
G  D  M  W  E  H  M  I  M  L  R  J  S  G  T
E  E  N  A  R  D  E  O  K  A  O  B  Y  R  H
L  I  G  G  S  T  O  R  I  I  L  S  B  J  F
G  F  B  E  A  G  M  Q  W  R  I  V  H  Y  F
K  M  W  N  O  F  A  M  U  P  U  S  I  K  X
G  W  A  S  T  A  D  E  D  D  A  U  Z  Z  F
```

MORFIL	TRÊN
TEIGR	ENW
GWAHANIAETH	WAGEN
FFENS	MAFON
GWASTADEDDAU	OEDRAN
BUDR	HUNANIAETH
CYMHARU	MUNUD
GWIRIONEDD	GYFROL
GALLAI	DIOGEL
BYR	STORI

Puzzle 68

```
G A N R D L E W G A H R P Y M
F M E J L E W Q L V S Q E S I
R G I I Q X U Y K W G N R G N
V Y T F Y T G L D Y N O S R I
A L H M I Q M E U U F I L I O
M C D L U R A U V O G G I F G
H H A A L D M N E L E I G E M
R E R G N W I E A Q Y D T N Y
I D R X X Z F A Y K B E D N N
O D D I N A S R D E A D G Y E
D N S N I Y W T G H R D B D G
O I L I W H C K U I N A A D I
L F F U G W J T N A I R I E P
S I L L A F U Q V M L G R D J
```

BARN
CHWILIO
MYNEGI
AMGYLCHEDD
SILLAFU
RHAGWELD
PERSLI
LLWFRGI
DYN
PEIRIANT

DEULUOEDD
DINAS
MUDIAD
MINIOG
NEITHDAR
MAM-GU
FFUG
GRADDEDIGION
YSGRIFENNYDD
AMHRIODOL

Puzzle 69

```
Q Z M T V Z C Q H K L N S S E
W E R S B E T U H M L E A C H
R H E O L W R N F T W P W T Y
D T U G N A H E T O Y I O S F
L I S O Y Y U A O W D E C T X
Y A Y I R W Z L V O D M P R P
K R M N H Q I F A I I F V K O
C F L I A C S R E A A L X G W
Y Y N E G O L Q C L N N L Y D
F G C C O T Y O U Y T Q O F R
L B Z X R I M M G R D B S N N
A S F I O G A R L A M U I X V
W T T U L D Y L L Y W N N A C
N V F G V N H Q M T P R K D E
```

GARLAMU	CAEL
GYFRAITH	COT
LOSIN	RHEOLWR
SYML	POWDR
CANNWYLL	WERS
GYWIR	RHAGOROL
GOLCHI	CEINIOG
MEIPEN	WEL
CYFLAWN	FLAEN
EHANGU	LLWYDDIANT

Puzzle 70

```
Q U T C A Q X Y I Y U H D C B
J K B D Y R A L Z I L O C E Y
T E N A U N W H O I R F E P L
F S G I A F O Y Z K O F E R T
F I Y M K Z G R D B G I N E M
I O L Y E J U B T D D Y W E N
L M C W E L O E E H B R Y K L
M E H R P H I N S N W G C M L
I D R M A S B I P R O Y S K Y
A I E Y N C Y H S A L D O V G
U G D L E X T T S E J O O G A
S D E V H F R E F A K B H L D
K A G M W F A O J H O O F G U
W Z D A I G Y D D M Y D L D I
```

OLEW	HOFFI
TYBIO	CYNORTHWYO
TENAU	MENIG
YMRWYMIAD	BENODOL
FFILMIAU	ARWYDD
LLYGAD	GYLCHREDEG
YMDDYGIAD	PEFRIO
TREF	DOETHINEB
BOD	SIOMEDIG
NEWYDD	HAEARN

Puzzle 71

```
R N Y W N E W G U Q N K O W J
N D L X M Q I L L O C W N H Z
Y H Z I Z T H S F R O S V H D
C R Z D Y F D A O K O P J C K
B V V I P G E P U E U M Q R I
V X G F W I F Y R C S R R A A
A M S U G N O M E I N I F F M
W N Y I T E Y A T D D A O Y C
R T J Y Î O S T L O I D I G A
A L J J M Z L E L N W O R N C
I P W Y S A U R E E E F I O E
G D D I N A S I P B N N E L N
Y M O S O D I A D J U A C I X
T E C H N O L E G V N C G Y R
```

COLLI	CACEN
AMSUGNO	PWYSAU
WRAIG	PRIDD
BENODI	CRYF
TECHNOLEG	EISOES
NAIN	YMOSODIAD
DDINAS	NEWID
GWENWYN	TÎM
LONGYFARCH	MATER
CANFOD	PELLTER

Puzzle 72

```
B C E A B P E D D C C F W Y G
Y Y U N Ŵ S A K W Q A F T A N
T F N T C N A B E I R Y A T L
H E X U Y W T S U Y L D K E Ê
H I A R D D Q P D E W D M B S
H L G U W A P I F I M L A Y R
T L F S E N I C O D I O I G R
Y G N C I Z N L K S F N P J H
L A J A T N O A E L C V F R E
H R D Z H T E B T W M I C M O
U U I O R F V P V U F O G O L
K X F Q E Y A O U U R Y E G E
U R B E D R I W Y G E G C K C
A L B N U M E Z M P Y X V G N
```

MAIP
OGOF
BANC
TEBYG
BETH
GYWIRDEB
CYFWELIAD
RHEOL
BYTH
CYDWEITHREDU

CYFEILLGAR
FFYDDLON
CARLWM
CODI
WAL
SÊL
ANTURUS
DWEUD
SŴN
NATUR

Puzzle 73

```
R Z W Q F F D T M S R F U B D
U L A W D E D D R E C B T H E
P O W L E N D G H Y R E K A C
A B K   I S E L O K D C I R H
P S U T C Q F A S T Z Y H D R
C A Y L W W Y T A F K O D D A
A R Q S P U H V N A B J V D U
R G L D W X R N W I T S E W C
I Y D A R L L E I T H D E R R
A F M B D C Z X Q O R O X H J
D W Y N D M A F X S T J S E B
U N M Z G A J M L T H D G K Q
S G D S A B V I E S Z S L L W
N X P O L E U H N L L O Z R Q
```

PAPUR	LAW
RHYFEDD	MERCH
CWESTIWN	HOSAN
HARDD	SUT
ARGYFWNG	TAL
TRYDYDD	CAMEL
POWLEN	ISEL
CARIADUS	DECHRAU
FAI	CWPWRDD
LLEITHDER	CERDDED

Puzzle 74

```
P D C C M J L O L Y N O L R T
R L N A A G U L S S I A C H E
Y I E Z O Q F U O A A L C O Y
N J R H C W U Z Q N V C D I R
U V I T N Y T M M Y G Y P K N
L R C E X B W D Y H K F R J A
G G N A U I L K G T C O I R S
S W S L N W L S C R I E F A I
A P N O L C L D R E G T F T A
G R R E N T I H O P R H Y O D
X R M H G J Q E P S P O R M H
T O E R H U T H R O I G D I H
A M E R I C A N A I D D D G C
S T R Y D V Q U J C C O L B M
```

STRYD
CYFOETHOG
AMERICANAIDD
PERTHYNAS
RHUTHRO
OLYNOL
GASGLU
RHEOLAETH
RHOI
CAIS

ATOMIG
BYW
TWLL
LLONG
PRIFFYRDD
HELP
DISODLI
TEYRNASIAD
PRYNU
UWCH

Puzzle 75

```
A G W R E G Y S X F Z H Q N F
S N W A I S C C S G F C K X R
T T R A F F E R T H L I P W Â
U X B W Y T A D F Y J A G C N
D W A R F M J U V P R F S U T
I Y O Y N H D R I I L O E H R
A T A G M S F M R L M A D C M
E L A F V P F V C N I C Y R E
T W L A V I E E I X Q H R Y X
H A D Y W B O T D C Y L B H R
X S Z L N E O P Y S I I S N O
F S S L S I I M A M E A Y Y Q
V F R E J W R A C H O A I G I
O W T F P M B T R U E R F N P
```

FAICH	GWREGYS
SIAWNS	POEN
ASTUDIAETH	FRAWD
FRÂN	LLYN
WRACH	SAWL
TRAFFERTH	BWYTA
TYMOR	FELLY
FFIGUR	YSBRYD
RHEOLI	GYNHYRCHU
BWYD	DESG

Puzzle 76

```
G Y F A R W Y D D P G Q O L Z
D E F F R O R H S F Y C Q L M
H S Y C Q H C Q T F F D E Y A
K C C W V I H M Z A L D B F S
U V R H F A N L S R O A Y R N
Z A O E W K R J M G G R D G A
L L Y S F Y I B O A A T D E C
U H E E X Y T O L R I H G L H
N I A R Y W D H N A N T P L O
T R A I S Y U D M P W C B V L
S V F R F H P H O V V D Y A Y
G W E I N Y D D U L C C S X S
Y C H W A N E G U E F I X G S
D R A D D O D I A D O L X U B
```

DWYRAIN   CHWYTH
BYDD   BLAWD
MASNACHOL   PARAGRAFF
GYFARWYDD   LLYS
DRADDODIADOL   TIR
DEFFRO   GYFLOGAI
BYS   ARTH
CREFYDDOL   GWEINYDDU
YCHWANEGU   LLYFRGELL
FAN   TRAIS

Puzzle 77

```
N B V R L L Y A G A N D D O P
Z A H Y F B V M R U Z O M E G
Z I A E Y P C R E L H K E I Z
P D W N N U E V Q S L P G N Y
S L O D D E W L Y S T W I N O
Y D E S T Y P F V Z C Y Y T V
R P W I F S N L I M R T N S A
T E A E D L A A X K I L H R Z
H J Z R O L E W A D B G I Q D
I U L B D B E D N U T Y C V W
O D D Ô L D B I N M W C M K Y
D L D O A H B R S E N S U B N
D M E V F U H C O I W E H R G
M W Y N H E W C H J O N H D Z
```

DDÔL	ARLLWYS
DAWEL	DOD
GANDDO	EIN
BUSNES	FYN
CYTUNDEB	SYRTHIODD
DWYN	CRIB
YMESTYN	CWMNI
RHEWI	SYLWEDDOL
REIS	PLEIDLEISIO
MWYNHEWCH	FLAWD

Puzzle 78

```
M E L Y S I O N S C Q Q D Y G
N G R E X V P W P I Y N L H W
D E U G A I N X R M C F J E Y
S I F A S M B L E E A R L B D
G W A S T A D L S I C E H E R
T C A X Z S E E W S T N U A P
M A H G P P B I Y T O O Q T U
O N W L E H E A L R R Y H K Z
F T Y O A P J F Y S R T T D P
Z F R C N I S M D A Y T I V H
A V I H I E S M D M M N O F X
A W D U R D O D G S L Q I Y U
G O R C H Y M Y N E R P E A C
P E N U N I G O L R W T M A D
```

MELYSION	SICRHAU
HWYR	HEB
AMSER	GORCHYMYN
GLOCH	AWDURDOD
MEISTR	CYFLE
GWYDR	UNIGOL
GWASTAD	ACTOR
LLEIAF	PEN
CANT	SYNIAD
PRESWYLYDD	DEUGAIN

Puzzle 79

```
V G C P K D G R S I S W R N V
F Y A W J B E R F P E T C I G
A F N D W I Q Ŵ Z W G H K X O
K E O D D O O D U H E B Q C R
D R L O O I L P G I N O A U C
A B F W I N O V L K A T A L H
M Y A Y R D N G U C R I O Y U
L N N L P S A Q S V S K D M D
W L J C N Q L Z T B Y E F Q D
G C I K Y S L Z O R P W D O E
F G L A B E A U U A B U V D P
T J R G R P E K H X K R B X Y
F D H U E E Z D N P T N J J G
T N A I D Y W I D J S J O E F
```

BERF
CLYWODD
AMLWG
ERAILL
DDIOG
ALLANOL
CANOLFAN
GLUST
GYFERBYN
DERBYN

NEGES
DŴR
PYS
PRIOD
CRIO
SISWRN
SEDD
GORCHUDD
ATAL
DIWYDIANT

Puzzle 80

```
D K B H U D E A W G M C K G O
A A P E K B P A K W W Y O A A
I R G R A E A D D E Y N M M Q
L M V R Z D I N Q L N H E G M
O N E L A D U D D A H Y D Y P
H C Y W V U R B O D A R D M T
R O T I N O M W N W U C A E R
A M P U H J D M F Y A H I R C
D I B Y N A D W Y C S U T I R
L E F E L M K C C H U Y H A Z
C A D A R N H A O L F F E D A
E C O N O M A I D D E R N O O
F X L O W N Q O N Y W L F Y C
F X N V U S H N A T G X J Q B
```

GWAEDU
DIBYNADWY
CADARNHAOL
GAMGYMERIAD
CYFNOD
GWEFUSAU
ECONOMAIDD
LEFEL
CYFLWYNO
DUDALEN

GWELADWY
HER
DAGRAU
MEDDAI
MWYNHAU
DDAEAR
ARHOLIAD
WYCH
CYNHYRCHU
MONITOR

Puzzle 81

```
L E F F O H C N I M C I D M B
L S L Y H J V Y P U K Q P L R
U G G T I I I D D N S D Z L O
O I Ŵ E R A Q O Z Y J R Y E D
S D R L I Y Z N M B M I F N O
W I E I O L M A N A N A O R R
C A Z P Ŵ R G O C J Y G I L O
H U K T E C R Ï S G A F R T L
I R F I V K J N I O J D I L H
M J T G U M Z W W X D M L T H
P F D B B I G G E E Y T A W O
Q M W R J G U Q D Q R Y F I V
A F C F Q I P L D H P O O Q X
M E W N F O R I O N M E G Q E
```

NODYN
MAI
OHIRIO
DDEWIS
GWNÏO
YMOSOD
GAFR
MEWNFORIO
ESGIDIAU
ANAML

GOFAL
ELIPTIG
PRYD
GRŴP
GŴR
CYDYMAITH
LLEN
LLUOSWCH
BRODOROL
HOFF

Puzzle 82

```
S U O R F F Y G W N I N G E N
F P F K A S Z S N W S T M K P
K A C R W B A N G A Q A C Z R
N P T W Y B R F G O Q S Q J O
D I U E Z J T E M Y L G J J B
K B M D M R N R B L C I V U L
E L V D W U D D J I F D O K E
N O F L Y A G O O Y T D J N M
I D I V F B S D N Y D I W E N
C A G W Y F Y N G X L E Q G Q
G U Q I A N O I L W G W M N V
V G U Z O P E C A B X G D A V
C E I S I W C H S L S H E C G
D Y L A I G A C R Y I M S C P
```

GWEIDDI	CRWBAN
GWYFYN	COF
DDEWR	ENI
PROBLEM	CANGEN
TASG	MWY
YSGOLION	GYFFROUS
CEISIWCH	TRA
GLAS	GWNINGEN
NEWIDYN	DYLAI
BLODAU	DODREFN

Puzzle 83

```
W  N  G  D  F  H  C  W  R  E  B  G  O  U  E
P  E  C  W  A  E  A  T  Q  I  A  E  L  W  E
L  W  Y  U  E  D  M  W  T  Z  U  N  N  Y  D
F  Y  F  H  R  R  B  V  E  V  J  I  U  M  A
H  D  U  B  Q  V  S  U  D  D  Y  W  A  V  M
A  D  N  O  K  G  F  N  E  H  Z  Q  I  R  C
N  I  O  N  G  R  I  N  B  C  A  B  R  B  A
N  O  N  D  K  L  W  A  Y  A  W  R  O  E  N
E  N  D  S  P  J  I  H  P  O  L  I  S  I  G
R  F  S  S  Z  N  E  R  X  M  Y  G  V  F  Y
F  L  W  Y  D  D  Y  N  E  W  A  L  L  B  F
C  Y  N  T  E  D  D  Â  T  A  I  N  A  C  R
L  O  Z  Q  Z  V  C  T  W  I  Q  T  W  V  I
S  S  B  B  G  A  I  I  Y  P  B  P  V  E  F
```

RHANNU	DAD
GWERS	NEWYDDION
HANNER	LLAWEN
FLWYDDYN	HEN
AMCANGYFRIF	CANIATÂD
GENI	ORIAU
POLISI	CYFUNO
GLIR	DYNNU
BERWCH	CYNTEDD
CAM	AWYDDUS

Puzzle 84

```
M F R V M H P G H A O C T Z G
D D I G D I C W S G M J M H O
B O P X N L S U G W X N U N R
A P L K O M S A D O I R P Q F
R X D A T A O I L H R C H I F
C T M Z O A O R R U L O D I E
U D P E Y L Q U Y O A Y N K N
D M S R R A P F I D B A U A N
P L Y G U R F X L B I M L O
V K N R E E Q Y A U H I N W L
G W Y B O D M C W L O U Y C Q
O Y N J Q E C D G L X V Z P M
F O G R W F C D H A P I N Y U
K Y C E E F U B O G F K F C H
```

CYFFURIAU
PRIODAS
GWYBOD
GALLU
PLYGU
DOLUR
ROBIN
CHI
BARCUD
HAP

LWC
GORON
MIS
YNYS
POB
CWSG
GORFFENNOL
FFEDERAL
DATA
DDIG

Puzzle 85

```
A T P V B B N E L A D U T S F
T T R V A E N W O O D Z Q Y F
V E O Y V D B Y D I E D Y C O
L N C D L L P T D R N U Y H R
T E I H I O M H Y T N M U D M
I E A J N N Y R D S A H N E A
N Y H T R E P W I I D Z G R T
W G P K F S G K E N Y I G T F
J F M R B B X T L I R L Y T V
E S V H R A B Y W D A D U L C
M F F O D U S S G E L O I B A
D D A L O R W L I M A K Y P L
P E I R I A N N Y D D T T B P
M E L Y S H N F H D P V M Z L
```

BIOLEG
TUDALEN
FFODUS
PEIRIANNYDD
ATODI
ABSENOLDEB
FFORMAT
GWLEIDYDDOL
CLUDADWY
SYCHDER

MELYS
DANNEDD
EWYTHR
TEI
DINISTRIO
MILWROL
TRYLOYW
DDAL
PERTHYN
TECHNEG

Puzzle 86

```
C H W A R A E W R L P D U Q Y
A D W A I T H J X K R Y N Q W
P A V S E G F F V D Y M U Y N
A E P H T U J N Q K S U T V M
S D O B K A P I O D G N S K T
I D P W H M M R R A W I E S Q
O F T B P W T P I I Y A T I U
B E Y C M P X Y D G D D F X S
E D J E L B D A W N D Y F P N
N U L D A N A T J Y A N A H R
W A O R O N P T N T S C R Z A
L O O I J L N M Q S S O P M C
S Y S T E M C B Q O O N G A B
P C A I O Y U F B G X C Y I P
```

ADWAITH   BAG
PASIO   GOSTYNGIAD
TYWYSOG   FFA
CHWARAEWR   PRIN
DYMUNIAD   CNOC
MYND   SYSTEM
ANADLU   TESTUN
RHAN   STAMP
POPTY   PRYSGWYDD
CARN   AEDDFEDU

Puzzle 87

```
C  N  A  F  I  P  A  B  E  L  L  A  C  G  F
D  A  I  R  I  E  F  Y  C  H  W  Y  L  I  O
F  F  N  Y  W  A  G  O  O  B  O  D  O  L  I
M  R  T  L  Z  C  F  T  N  O  F  O  D  G  Z
A  Y  N  E  L  H  H  U  D  U  R  M  A  U  I
D  G  Y  A  C  A  C  C  U  U  W  U  T  V  N
Y  J  W  G  K  G  W  N  K  P  D  L  G  L  H
B  O  R  E  T  G  I  I  M  L  Z  T  A  W  G
V  A  O  Y  A  R  F  D  A  A  I  S  N  G  V
F  Z  C  F  B  O  O  D  R  U  L  Y  I  O  K
W  V  T  X  L  M  C  Y  L  O  T  W  P  E  P
H  J  D  Z  W  L  J  F  X  V  E  M  E  J  S
Y  C  I  C  E  I  L  O  B  P  N  D  S  N  B
V  V  N  I  J  N  B  A  C  H  G  E  N  O  W
```

CORWYNT	CYFEIRIAD
PABELL	IFANC
YSTLUMOD	DATGAN
HWYLIO	COFIWCH
GYRFA	DROED
TABL	OND
BORE	MALWEN
BACHGEN	GROMLIN
GAEL	FYDDIN
CANLLAWIAU	BODOLI

Puzzle 88

```
C P G W Y D D O N I A E T H A
H A S H Z W M S I W H W N L T
H H S O I L B X W X W A U R H
G C R G S L N L P Q Z O Z E R
G W A G L O S E O M O O I W O
A G B H T I A D L L A Z C I A
N Y G S B Z A P T P K W D W D
G M W C C D P D I G S X A B E
H H A I G O I H C I E B T A I
E C H R L G Y N T M M P B S L
N Y O G L Z T N E L A T L G A
F D D F F I L M G I S G Y E D
I I D I O X T G G L H Z G D U
L F U Y H M B H P K I R U L B
```

BASGED
BEICHIOGI
ALLDAITH
ATHRO
CASGLIAD
FFILM
DATBLYGU
ADEILADU
WIWER
AUR

TALENT
GWAHODD
RHIENI
GWAG
MES
GYNT
ANGHENFIL
MOESOL
DYCHMYGWCH
GWYDDONIAETH

Puzzle 89

```
C  X  S  Y  D  W  R  F  F  L  P  A  A  G  C
N  Y  G  S  I  D  T  X  Y  O  L  N  D  A  H
U  F  Z  H  K  V  E  J  D  R  I  F  O  D  W
F  A  M  P  I  R  W  A  L  L  S  O  L  E  A
I  N  Y  U  Z  E  G  H  L  A  M  E  Y  W  R
O  G  A  W  D  S  I  A  W  L  O  S  G  C  T
F  G  S  W  D  C  W  U  N  N  N  G  I  H  E
I  E  M  W  Y  A  F  L  A  Q  J  A  A  G  R
H  A  D  W  Q  Y  R  F  M  S  E  R  D  W  E
R  X  Q  D  E  D  D  Y  W  R  T  Q  U  O  F
X  N  R  F  W  Y  R  S  J  F  N  T  U  B  I
G  F  Z  G  K  L  G  S  N  P  W  A  Y  R  N
M  Y  I  F  O  U  V  B  D  M  A  C  N  I  F
E  X  E  E  V  G  E  H  C  J  L  S  S  Y  I
```

PLISMON	DDEALL
TRWYDDED	DISGYN
FEDDWL	HAUL
GADEWCH	MANWL
GWOBR	FAMPIR
NIFER	LAWNT
ANFOESGAR	RHIF
ADOLYGIAD	CHWARTER
FFRWD	MWYAF
LLAWR	WYAU

Puzzle 90

```
B K C M Q R K C R W I N U G S
Y D H R G H Y U Y Y B G S L J
G W E W Y R W F K F E A Q A U
Y H D X W N T M H B F P R N Z
T L D U F U D D H A U U R O Y
H D W A Z N Y F Y P K H R L D
I Z C I A R W D D O R D A G C
A B H S P U Y G O R W E D D Y
D Z N I L L B D Y N E S E X F
E T M E G W E R T H U S O L A
L F I A I T H P E D W A R J R
A N M N D I S G L E I R I O T
G X Q E M Y E X N X S F F A A
A R F E R O L Y M Y Q N I X L
```

ADRODDWR
UFUDDHAU
GALED
ARFEROL
DISGLEIRIO
EISIAU
IAITH
CYFFUR
BYGYTHIAD
PEDWAR

GLO
GWERTHUSO
YMYL
CRYN
CYFARTAL
BYWYD
BAROD
GORWEDD
HEDDWCH
DYNES

Puzzle 91

```
V R C D D A L M Y C L G W A C
P B Y U I J D K H Y G C E R T
C H F R C L E A Q N A P L B R
Y T F D L V E A P N R Y L R E
V E R P G W S U V W Z S I O T
R A E P A V N N G Y H B W F H
T D D R Q B I W W S R R M I O
N O I O H C A N S A M Y H W S
A B N Q M W N F U C U D E L N
F Y C R E U N J U F Q O D H L
F W Y T A Z P G M C B L D G Q
Y G P I L L N J Q P H I L F Z
L G U Z X T H E Z G R E U E C
L G I I C T Y R P A R C S Z T
```

TRETH	RHWNG
FUCHES	DILEU
YMLADD	WELL
DRUD	PAN
FWYTA	CREU
PARC	ARBROFI
MASNACH	CYFFREDIN
CYNNWYS	YSBRYDOLI
LLYFFANT	GWYBODAETH
PILL	HEDDLU

Puzzle 92

```
S T S M A N R H E G I O N O K
E E S Y S C Y L C H R E D E G
I V G W V T G E P W V W J Z Y
T D P Z A N G G T A O S R T J
H F A K Y Q R U G Y M H C Y D
F F M R S E R E N A K Z D M W
E U U I L P O R F F O R I H P
D R Y W T L L W S Y C V R E E
S F P G A G E M V I K Q W R T
T L T I U W O N J Q M S Y E H
W E A Y A Z U S E D J W F D A
O N L Y B N G W Y C H E J D U
B W F Y A E O P E N N A E T H
R B F V L A D D E F A E U F Z
```

TYBED   SEITHFED
SEREN   PETHAU
FEDDAL   GWIR
DARLLEN   DIRWY
FFLAT   FFURFLEN
GWYCH   PENNAETH
CYLCHREDEG   WOBR
DYCHMYGU   PORFFOR
PIANO   TYMHEREDD
ANRHEGION   CYSWLLT

Puzzle 93

```
S  U  P  A  H  L  C  C  Y  U  C  L  U  Y  Y
Y  M  G  V  E  B  I  G  O  C  D  G  U  S  H
N  O  W  E  D  U  R  C  G  F  G  P  N  G  M
J  I  A  L  F  E  S  P  M  W  F  K  X  U  Y
G  V  R  L  A  G  B  O  K  B  Y  I  T  B  N
S  P  T  Y  N  K  R  T  J  R  E  L  N  O  Y
Y  Z  H  G  M  A  E  N  T  T  N  Z  I  R  D
M  D  E  O  L  J  H  V  I  G  S  C  A  O  D
L  P  G  D  F  J  Z  L  D  O  I  T  R  A  P
A  D  D  E  N  O  G  I  D  S  G  B  F  L  W
E  C  S  N  U  W  Y  H  R  G  K  R  G  V  Y
N  T  P  V  E  S  E  E  H  O  Z  B  Y  M  G
P  I  N  C  G  W  A  N  C  I  M  X  O  M  K
S  H  R  Y  C  J  B  R  O  I  G  P  T  D  Q
```

OSGOI

GWYLIO

COFFI

RHYWUN

PARTI

YMLAEN

LLYGODEN

DIGONEDD

HAPUS

GWARTHEG

PINC

GRYM

GWAN

MAENT

YSGUBOR

CRUD

FRAINT

MYNYDD

HEDFAN

OCHR

Puzzle 94

```
D C G S I W G N P R C S N X V
E W W F Y F Y R W Y R W Y E K
L R Y R H Y M X S I R P P X T
W D R U T T V D V V D E B I Y
E D D A I R H T I E K R O C N
D V D U C X F F E I T H I A U
D U E N W G T F M J H C Y R D
P A F M W G C Z I T I A F F V
Z R R I S J T V Z L Z R L K C
D G I D E N I L B O R R V V P
W M K S D D E F F R O E K U N
P G Z W S V L L E M Y G R A U
T R O S E D D U H Q F I H V C
B E I R N I A D A E T H U E J
```

ARGYMELL   PRIS
GWISG   DDEFFRO
GWNEUD   PIN
BLINEDIG   RHY
SWPER   TROSEDDU
EITHRIAD   BEIRNIADAETH
GWYRDD   DRYCH
DELWEDD   FFEITHIAU
DWP   CWRDD
CARREG   FYFYRWYR

Puzzle 95

```
B E E D G U G J L W U M X V G
R G A R W D D Y W R A F Y C E
O K M C T Z Y Y D D V G K Q R
W W C A W H T E O D Y J C H D
N E F U H M Y I C I E M J L D
G I V M B R W G A A C H O S E
G D U F A O B L L R H U W D
W D N D W M V L Y B D I O H I
L Y L O D A I D D E W D O N A
Â N F W A R S W G D N S I K L
N T V D C T E G L B U M E P E
C E L Y N V G B W Y M W E B D
U E Y V D I S G R I F I W C H
L L O N G Y F A R C H H F E N
```

LLONGYFARCH	ACHOS
CYFARWYDDWR	BROWN
DOETH	WASG
BLAIDD	TRAMOR
ERTHYGL	NODWEDDIADOL
GWLÂN	CELYN
HUFEN	MAE
GERDDED	CWMWL
DISGRIFIWCH	IDDYNT
CADW	BWYTY

Puzzle 96

```
Y E C I M D C A I X R I H D Z
Q R L L W Y R Y N A I R A A G
B R D V R A A L O F L T A W Ê
I W T Y H S M A F Z O C Y N M
O R Y H A I V M N W N N W H E
R O N S R N Q P A C Y O W C J
T K Z W I Z W J R R F S L Y N
G X Y V I G J Y F K R R I R D
Y S T Y R I E D L U E E F D S
U Q R H H A N E S D D P R E V
A D N A B O D C M M E G Y E I
D E U D D E G C Q P I B S Z K
T Q L G D D A L W A V I J C I
W Q Z U H P D G E F E J X U H
```

MARC	PERSON
ANWYLDEB	ANFON
ANFONWYD	ADNABOD
DEUDDEG	CAP
FRYS	LAMP
YSTYRIED	HWN
BWYSIG	GÊM
ARIAN	LLWYR
HANES	DAWN
DERFYNOL	EDRYCH

Puzzle 97

```
D D I R Y M C A Y Y G C A I E
A U H D C G Y D D E M A R K O
B R F X J X M L Y T R W T H L
P R D C F Z H L A J O E I E Q
C B A A J X L W Z Z E L S Y R
F O I I L I E Y O G R L T P G
E F C M N H T B B B O D L O N
D E O M A T H R V F I S O L W
V S T R A B L W F F R U D H T
H U G C C N A I F H A D O Y S
K S Z B G E L L Y G W D N C O
Z C D I S W Y D D O A V E O J
W H Y S B Y S G B X P P P B N
A R L L W Y S W C H R N D L R
```

SUDD

CYMHLETH

ARDAL

FFWLBART

HYSBYS

FFORC

ARTIST

DISWYDDO

LLWYBR

ARLLWYSWCH

BODLON

GELLYG

PENODOL

OED

WARIO

BRAINT

OSTWNG

MEDDYG

DDI-RYM

CAWELL

Puzzle 98

```
X S D V W U W O F G A S Q F E
A N G H E U O L T E N S V H E
T P M V A R K N O R O G F C I
N J G S V N I M J D L R E W S
A D R O D D I A D D C E P E O
I L S G N T J P F E H C G H E
S L E M W V Q N X D W H I N S
A H H H Q R D I W I I C A Y A
X G C O N C E Q U V L W R W T
F H U X L Q B G A B E I W M W
R O B A S L K H Y J N F D Q F
N E F O E D D M U S C O O F X
G W E R T H W R W M P C B S K
U T N C H A G O H I R I O V T
```

BUCHES
ADRODDIAD
GOHIRIO
GWERTHWR
HELA
ASIANT
NEFOEDD
PAM
SGRECH
ANGHEUOL

CHWILEN
ANGEL
EISOES
WRAIG
GWREGYS
MWYNHEWCH
GORON
CNOC
COFIWCH
GERDDED

Puzzle 99

```
J O Y T Y P T Y N Y S I G H B
D I N A S E Y R I E A X A W R
E N Ô X Y D W T E V A W T Y E
F O S F G W H D G F I L A W S
H B X S U A C A S A N K M A E
T S C W D R M S Y S H U Z Y N
I E Q V A N D C M R D G O K N
E Z F Y I R H A U O O S L N O
S R H I S G L W D G H Y W R L
I F S N Y Y L O I B P D W A N
A T A E W L B D A E L W F X L
B D S O B T G D D Y A U L Y N
V A U P A C Y F Y N G U K C H
F U X H M C B J F E M N W S G
```

GORSAF
SÔN
RHISGL
ESBONIO
MABWYSIADU
CAWOD
BRESENNOL
POENI
CYFYNGU
DYSGU

TREFNU
YNYSIG
SYMUDIAD
DINAS
WAL
BYS
EIN
PEDWAR
SEITHFED
YMLAEN

Puzzle 100

```
E  I  T  E  M  S  K  H  W  C  Y  D  R  L  R
R  A  G  W  V  W  S  E  Y  Y  M  E  I  L  J
A  L  P  S  H  G  U  R  K  M  D  Y  O  M  V
E  L  P  H  O  J  E  Y  S  E  D  K  R  Q  S
P  A  B  W  B  L  B  R  A  R  A  L  V  Y  I
E  T  R  F  P  C  L  E  F  O  N  I  A  G  U
Y  M  L  A  C  I  O  T  O  D  G  R  K  O  E
R  G  R  Z  G  H  K  T  N  D  O  O  P  S  R
A  R  T  H  T  E  O  D  O  C  S  T  E  Y  I
N  M  E  E  C  X  H  J  L  I  I  S  O  W  U
Y  M  C  H  W  I  L  I  A  D  A  J  X  Y  P
N  O  F  I  O  S  T  L  F  B  D  W  X  T  F
N  E  Y  S  J  T  M  H  I  L  U  S  U  A  R
F  A  K  A  V  C  U  J  R  P  X  P  I  R  S
```

LLAI	YMCHWILIAD
DIM	ROI
EITEM	YMDDANGOSIAD
LLOSGI	ERYR
YMLACIO	STORI
CYMERODD	TAL
NOFIO	ARTH
UGAIN	TYWYSOG
HER	PILL
SAFONOL	DOETH

Puzzle 1

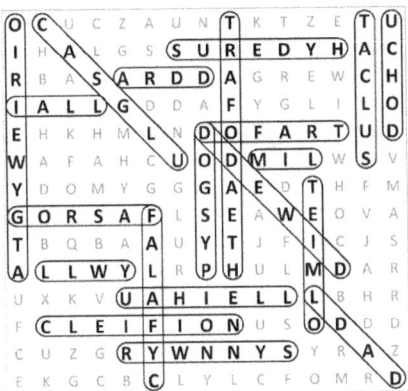

Puzzle 2

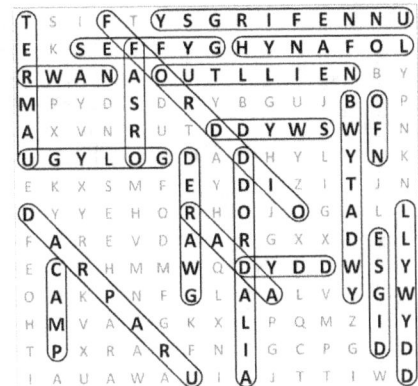

Puzzle 3

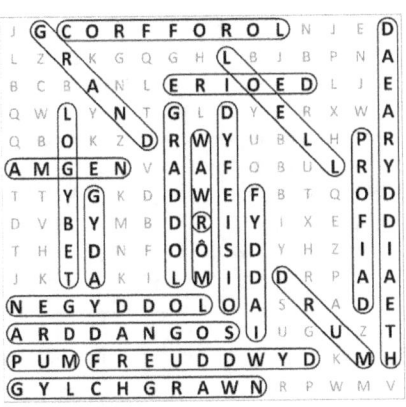

Puzzle 4

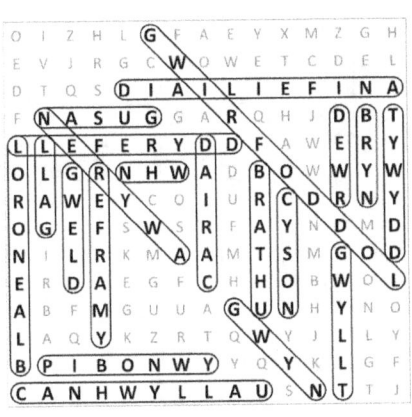

Puzzle 5

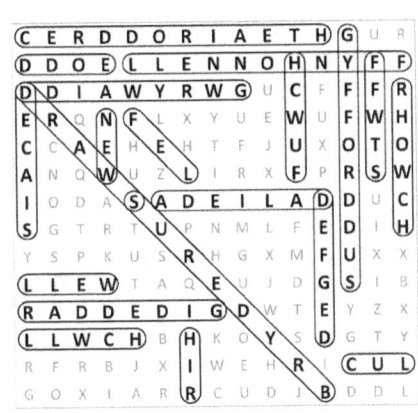

Puzzle 6

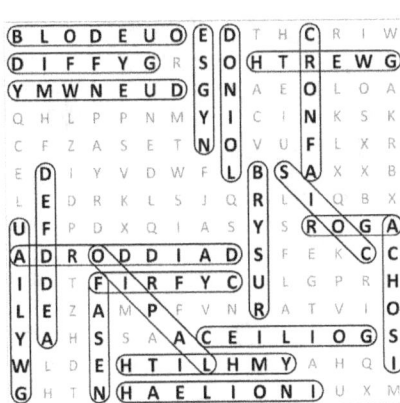

Puzzle 7

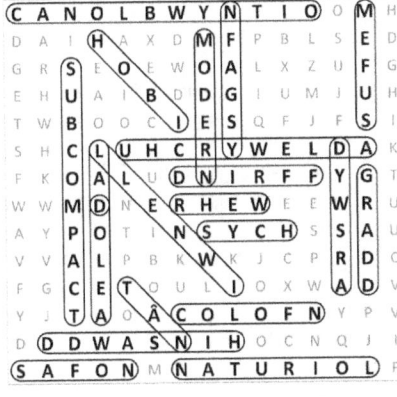

Puzzle 8

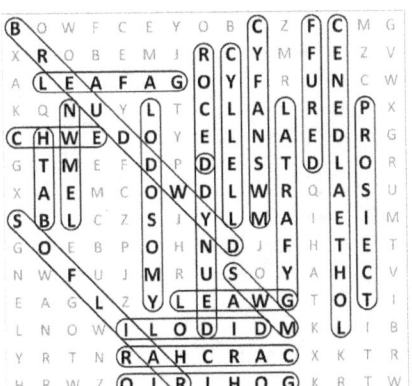

Puzzle 9

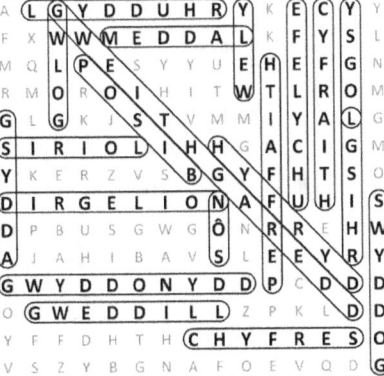

Puzzle 10

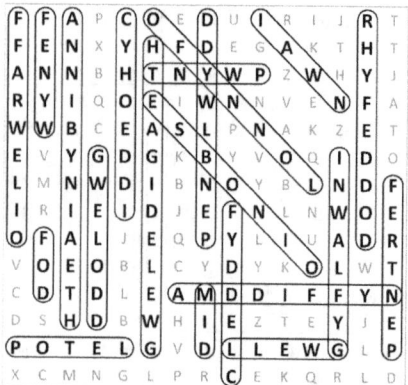

Puzzle 11

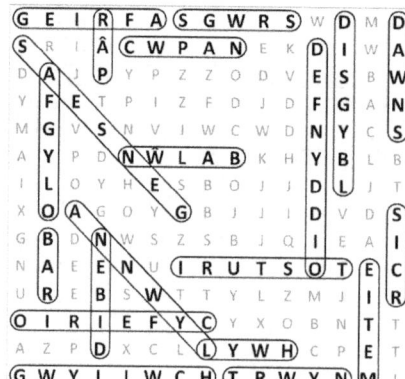

Puzzle 12

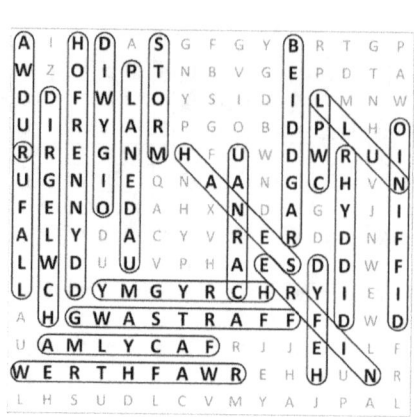

Puzzle 13

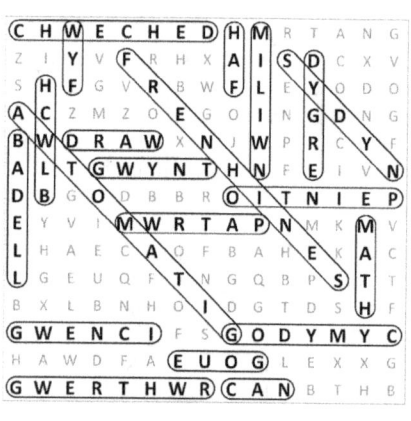

Puzzle 14

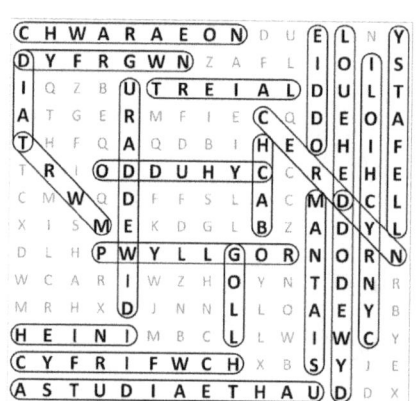

Puzzle 15

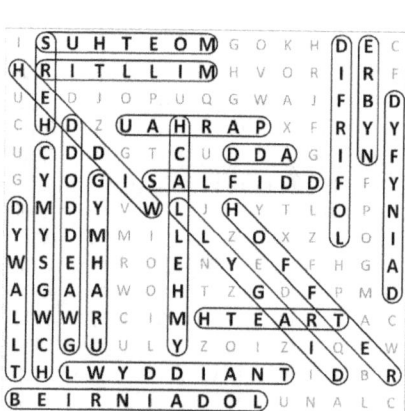

Puzzle 16

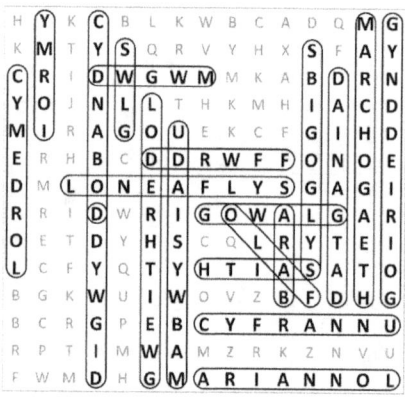

Puzzle 17

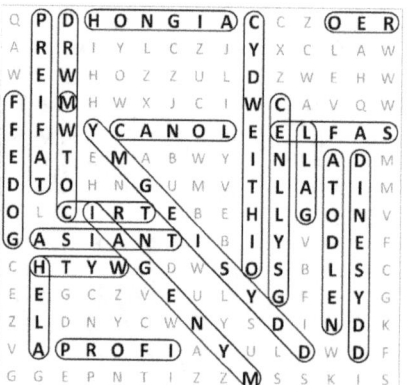

Puzzle 18

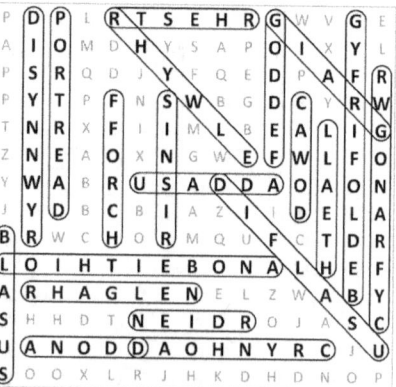

Puzzle 19

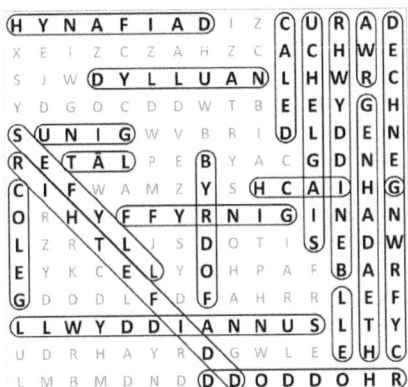

Puzzle 20

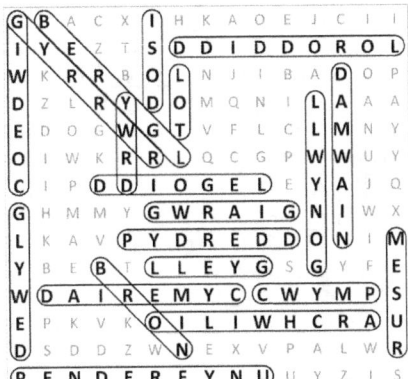

Puzzle 21

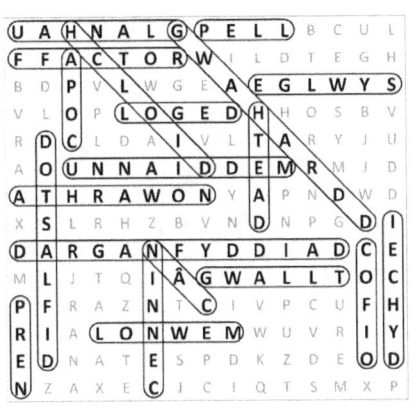

Puzzle 22

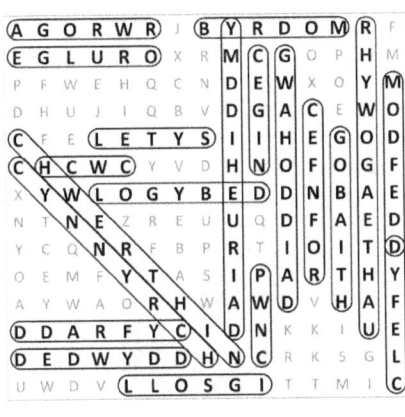

Puzzle 23

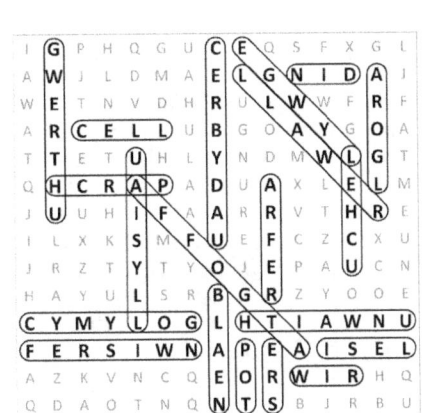

Puzzle 24

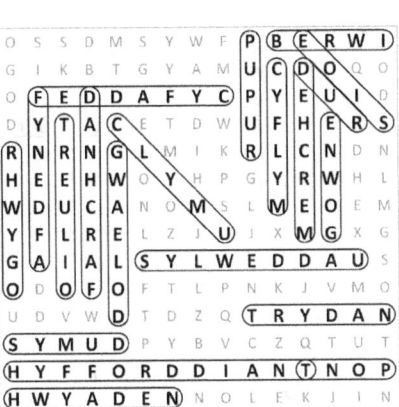

Puzzle 25

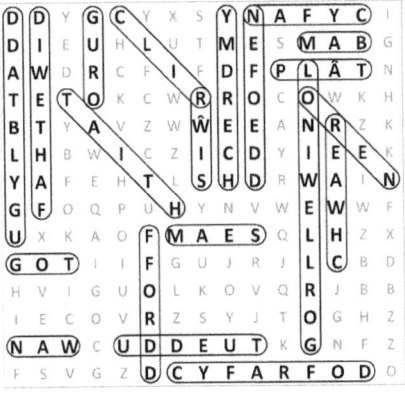

Puzzle 26

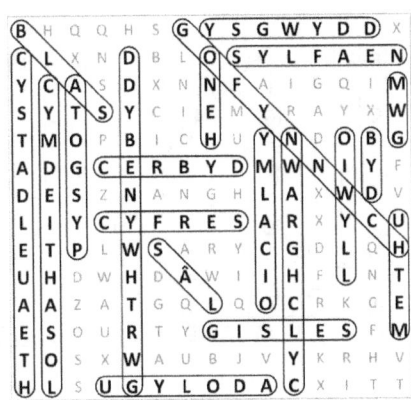

Puzzle 27

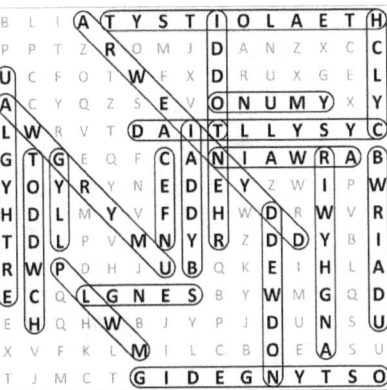

Puzzle 28

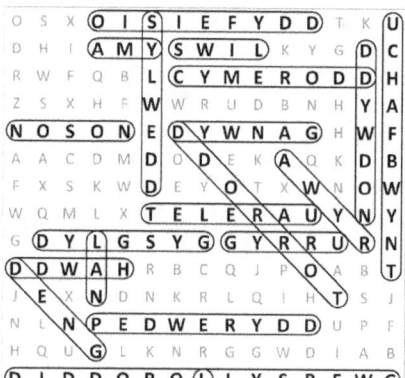

Puzzle 29

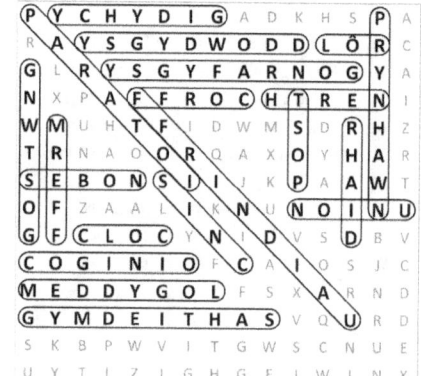

Puzzle 30

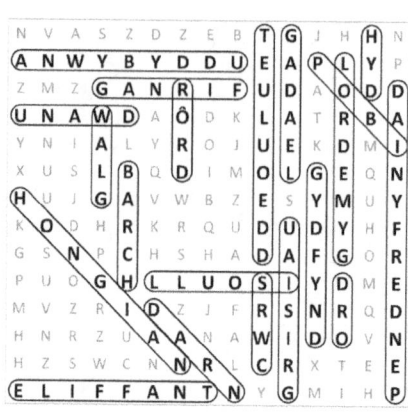

Puzzle 31

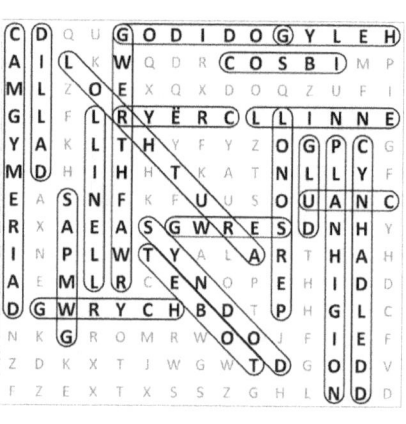

Puzzle 32

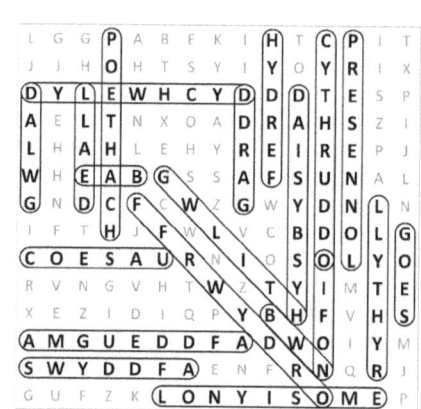

Puzzle 33

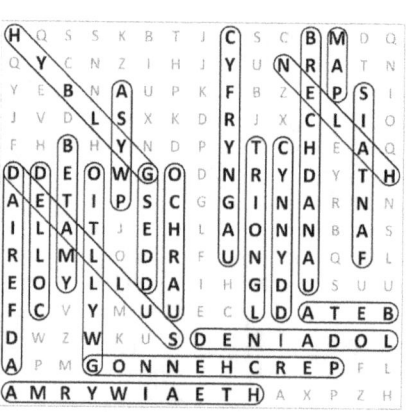

Puzzle 34

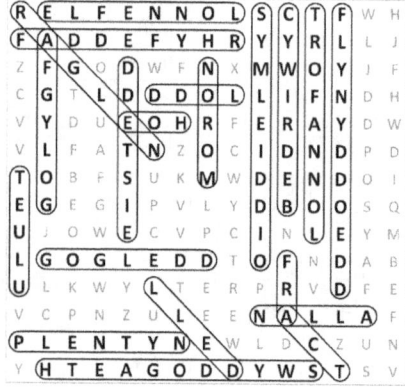

Puzzle 35

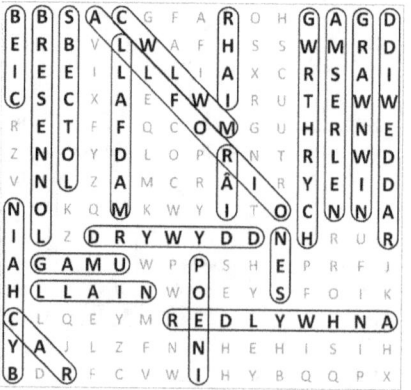

Puzzle 36

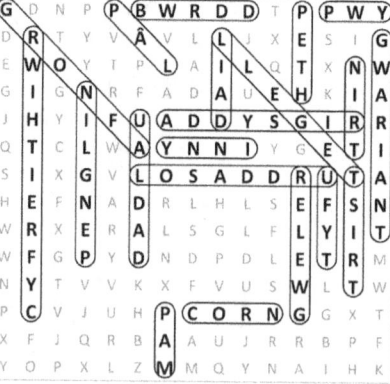

Puzzle 37

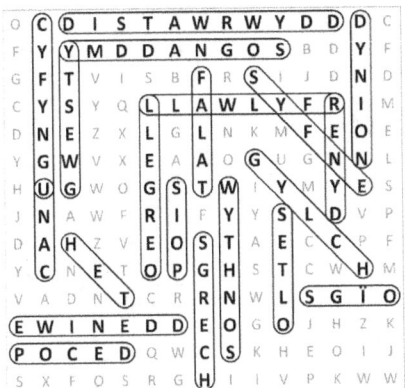

Puzzle 38

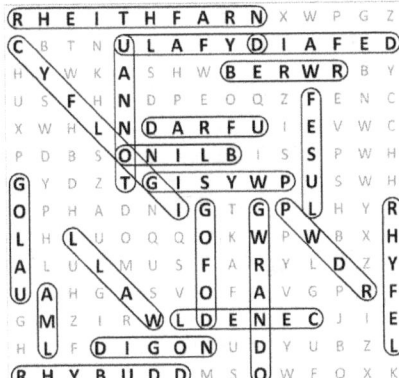

Puzzle 39

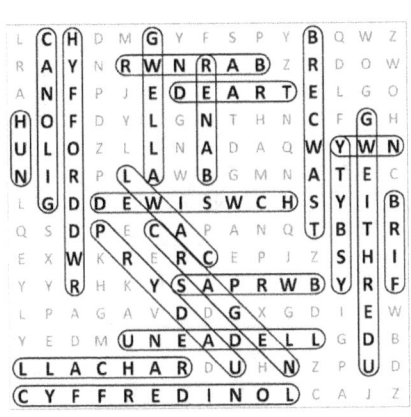

Puzzle 40

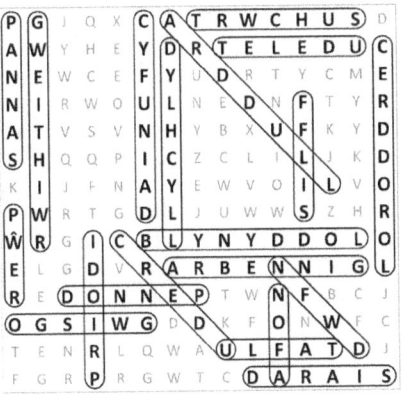

Puzzle 41

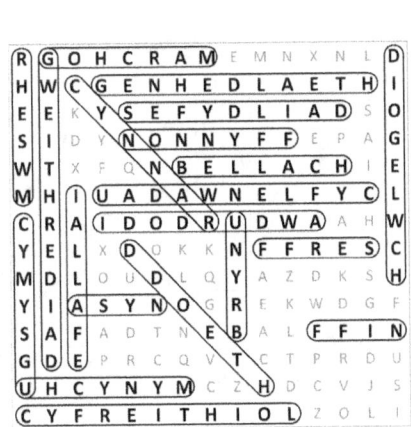

Puzzle 42

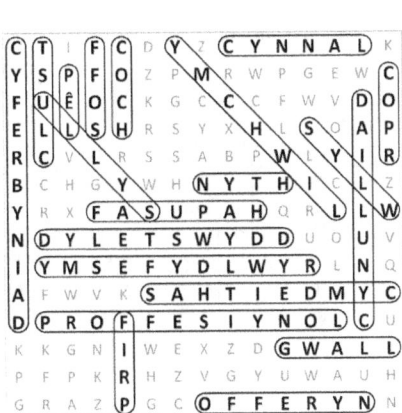

Puzzle 43

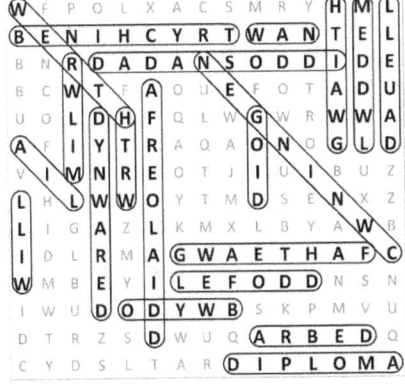

Puzzle 44

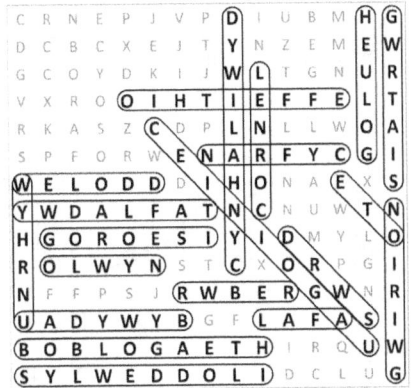

Puzzle 45

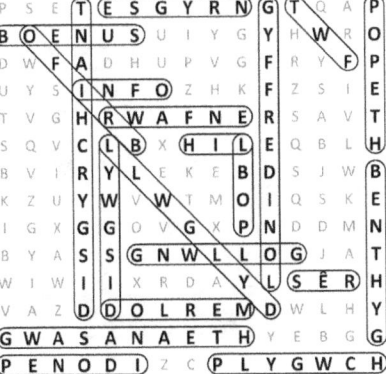

Puzzle 46

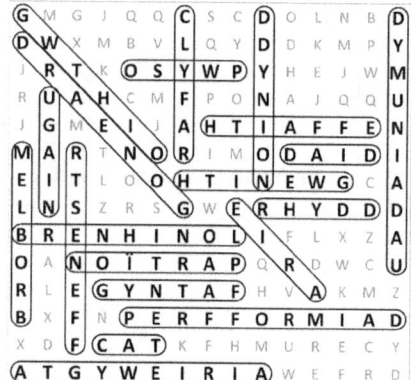

Puzzle 47

Puzzle 48

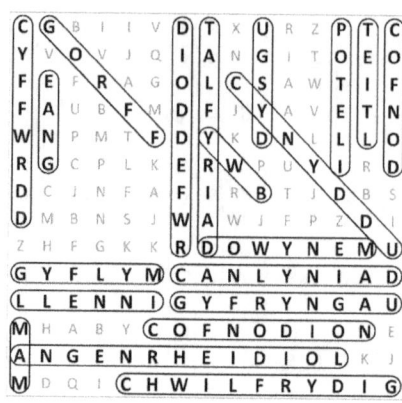

Puzzle 49

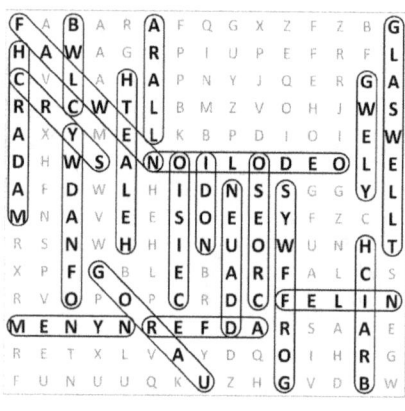

Puzzle 50

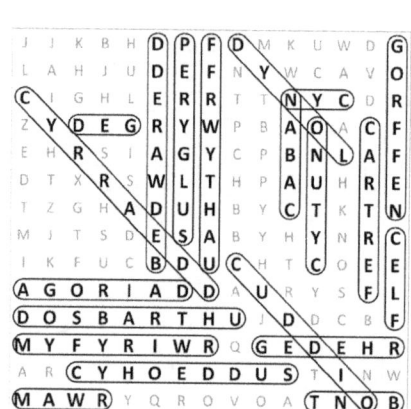

Puzzle 51

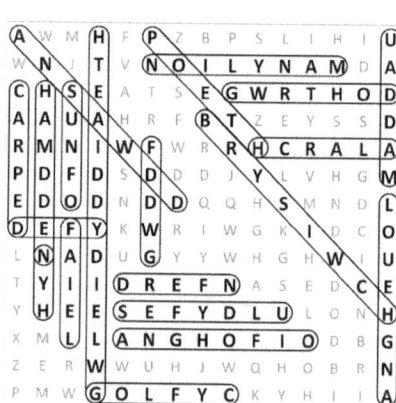

Puzzle 52

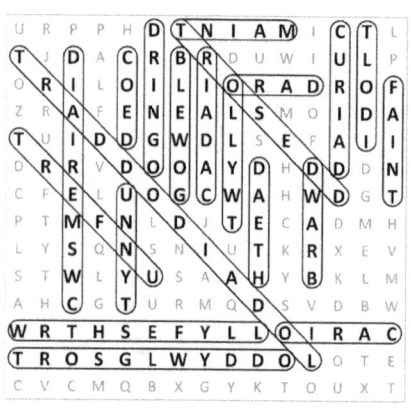

Puzzle 53

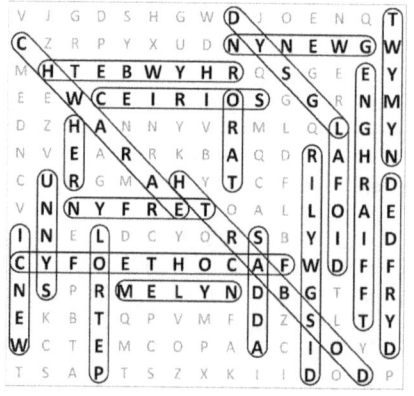

Puzzle 54

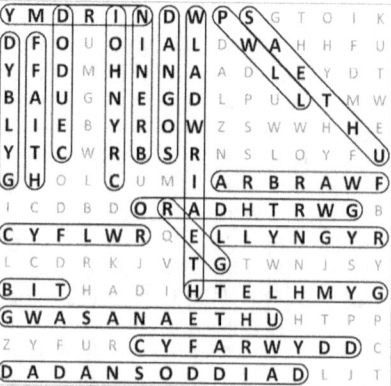

Puzzle 55

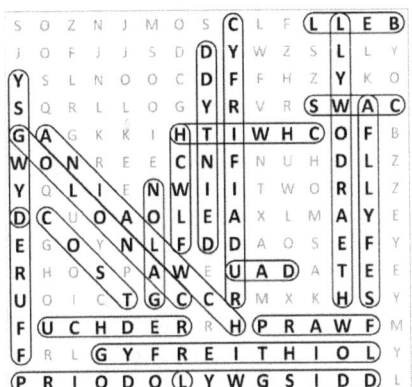

Puzzle 56

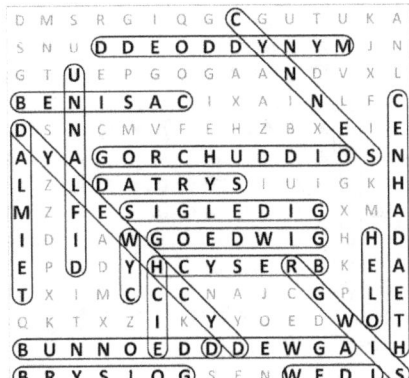

Puzzle 57

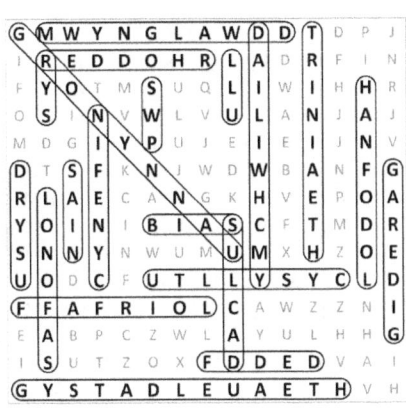

Puzzle 58

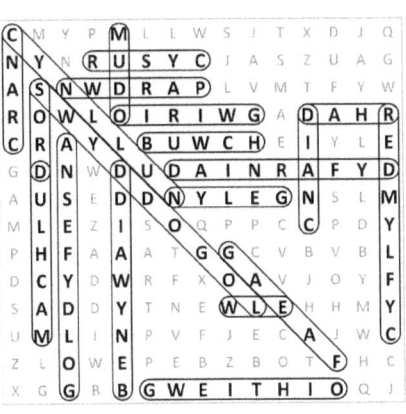

Puzzle 59

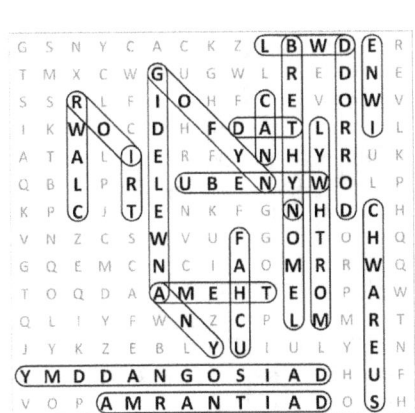

Puzzle 60

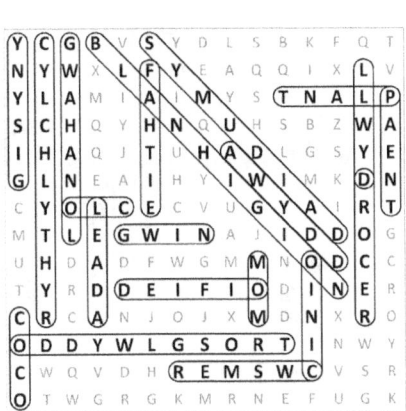

Puzzle 61

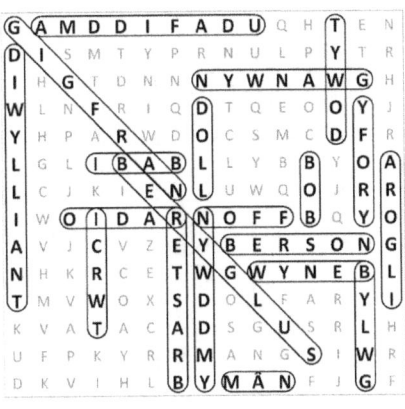

Puzzle 62

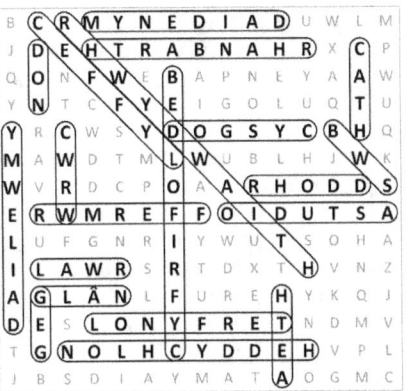

Puzzle 63

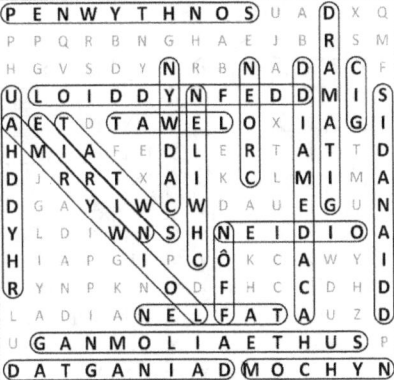

Puzzle 64

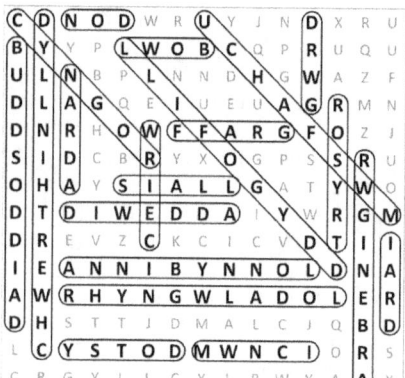

Puzzle 65

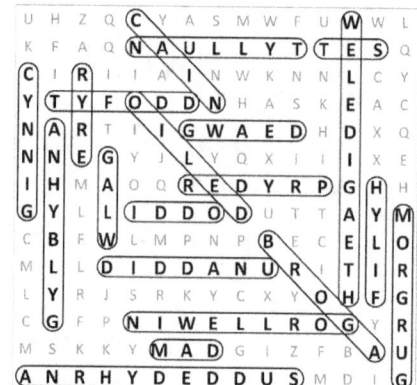

Puzzle 66

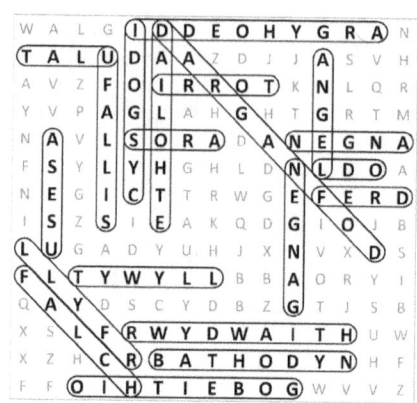

Puzzle 67

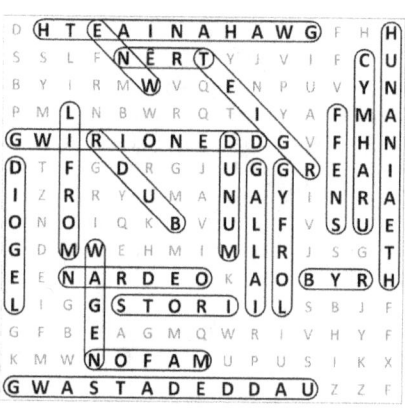

Puzzle 68

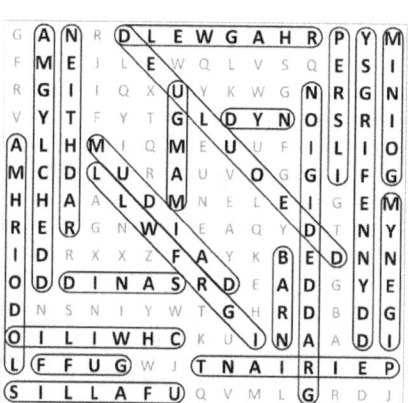

Puzzle 69

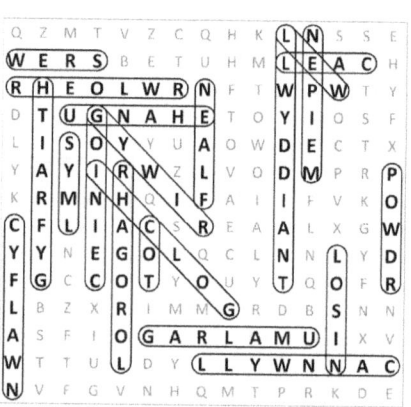

Puzzle 70

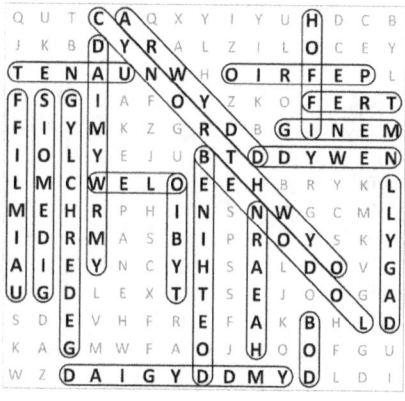

Puzzle 71

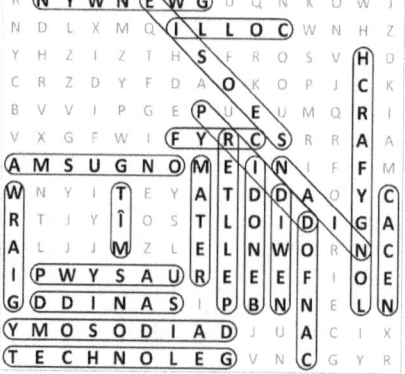

Puzzle 72

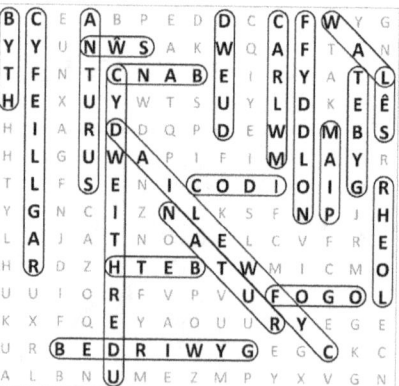

Puzzle 73

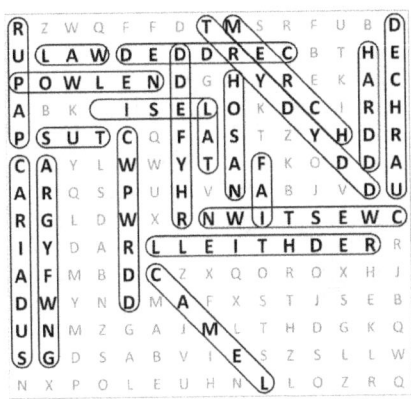

Puzzle 74

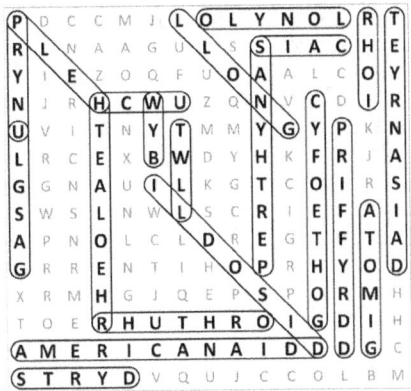

Puzzle 75

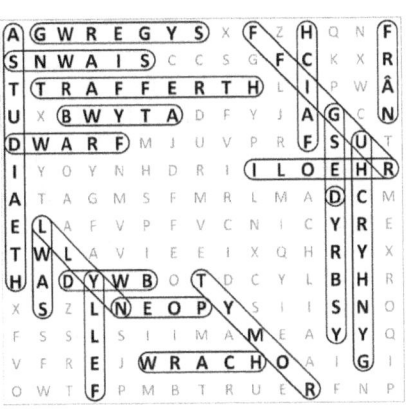

Puzzle 76

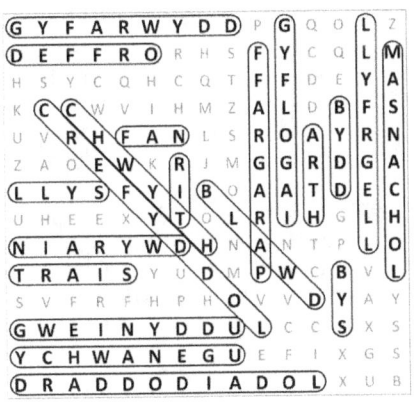

Puzzle 77

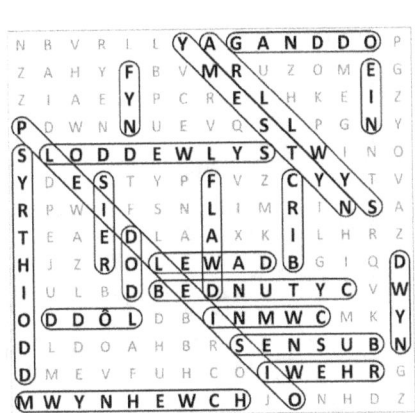

Puzzle 78

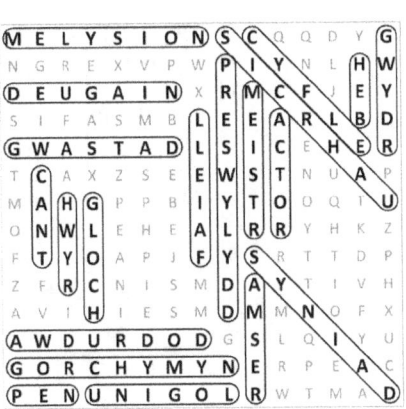

Puzzle 79

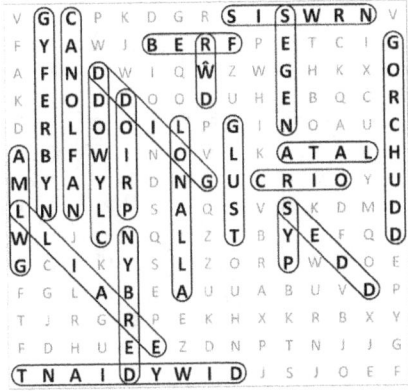

Puzzle 80

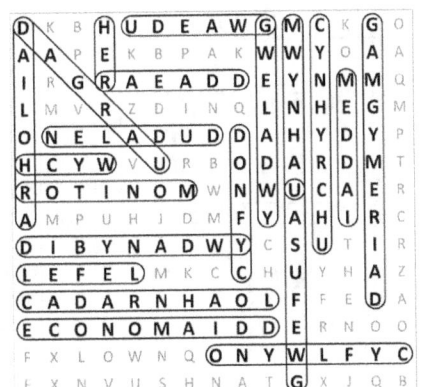

Puzzle 81

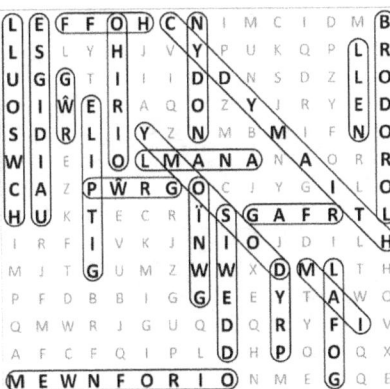

Puzzle 82

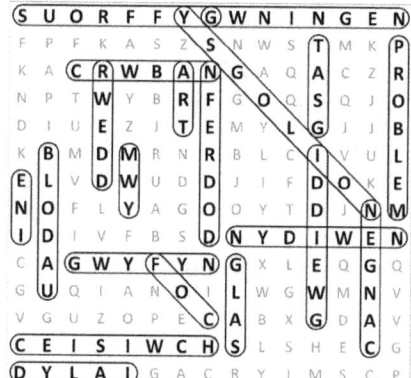

Puzzle 83

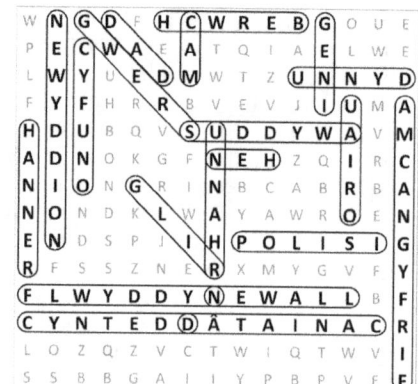

Puzzle 84

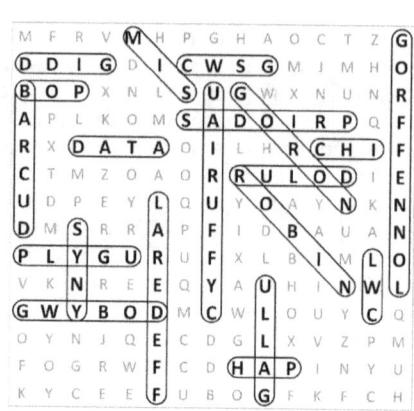

Puzzle 85

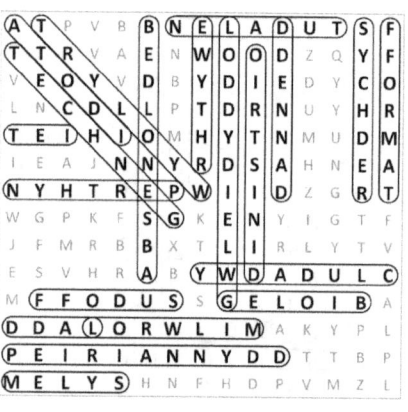

Puzzle 86

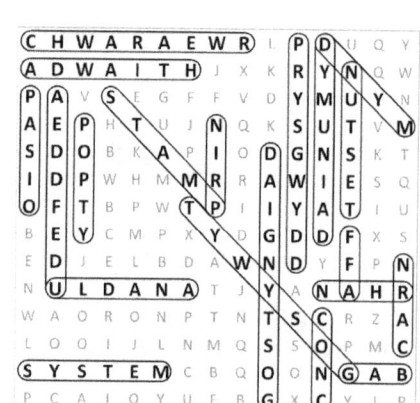

Puzzle 87

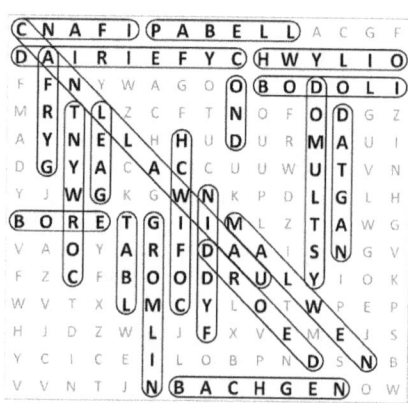

Puzzle 88

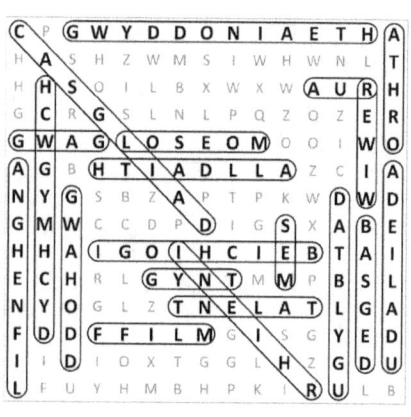

Puzzle 89

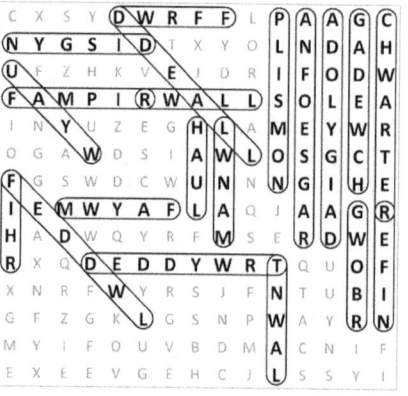

Puzzle 90

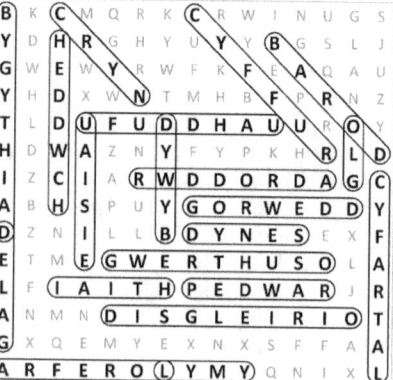

Puzzle 91

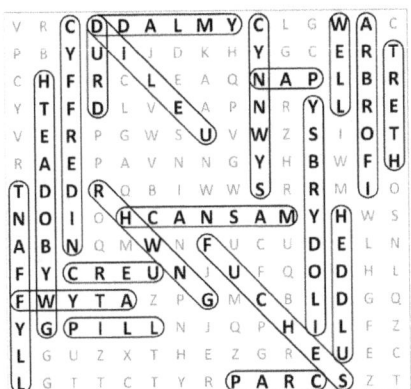

Puzzle 92

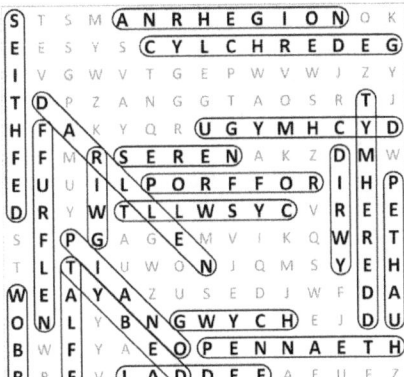

Puzzle 93

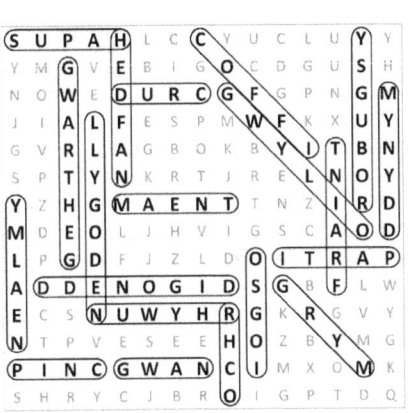

Puzzle 94

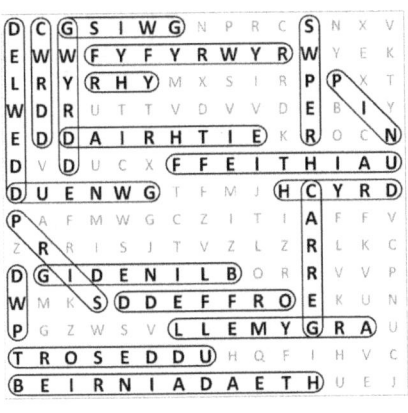

Puzzle 95

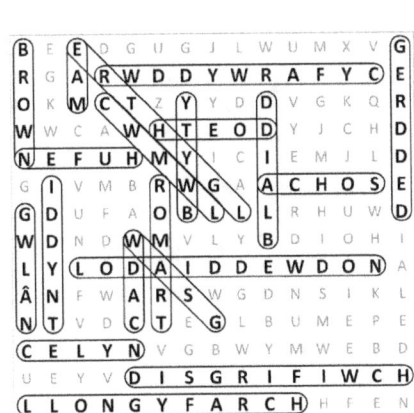

Puzzle 96

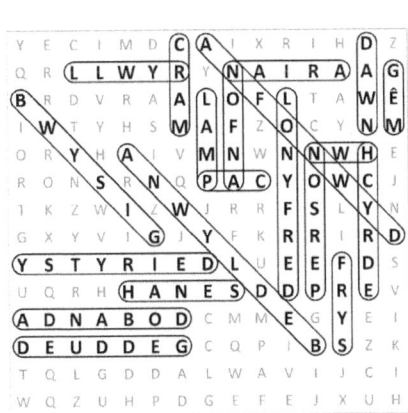

Puzzle 97

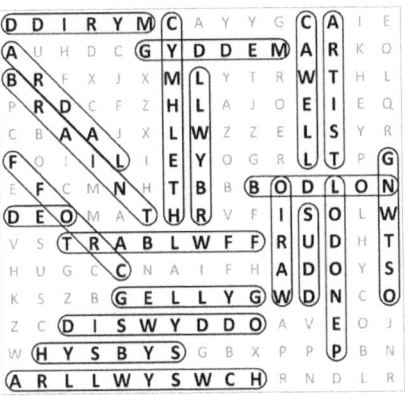

Puzzle 98

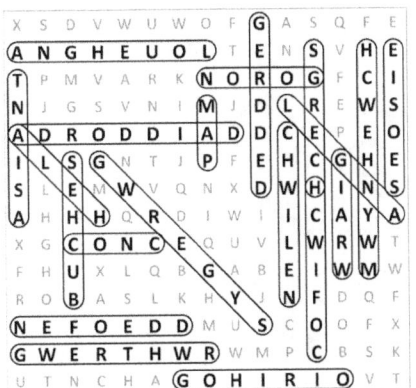

Puzzle 99

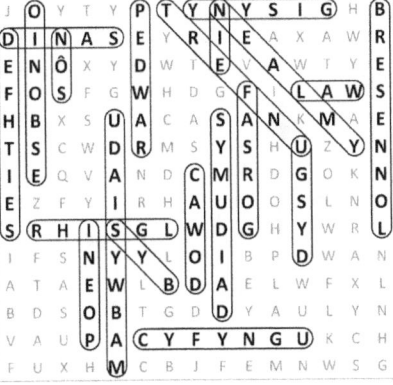

Puzzle 100

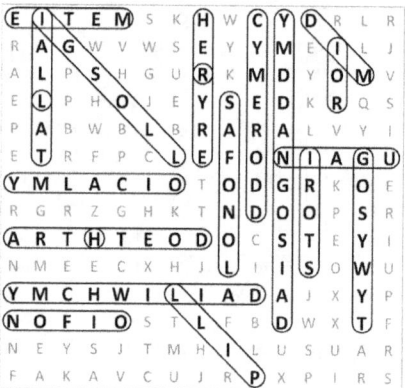

Congratulations

You made it!

We hope you enjoyed this book as much as we enjoyed making it. We do our best to make high quality games.

These puzzles are designed in a clever way to actively spark the brain and make it sharp and quick!
Did you love them?

A Simple Request

Our books exist thanks to the reviews you post on Amazon. Could you help us by leaving a review now?

Here is a short link which will take you to your Amazon orders review page.

BestBooksActivity.com/Review50

MONSTER CHALLENGE!

Challenge #1

Ready for Your Bonus Game? We use them all the time but they are not so easy to find. Here are **Synonyms**!

Note 5 words you discovered in each of the Puzzles noted below (#21, #36, #76) and try to find 2 synonyms for each word.

Note 5 Words from *Puzzle 21*

Words	Synonym 1	Synonym 2

Note 5 Words from *Puzzle 36*

Words	Synonym 1	Synonym 2

Note 5 Words from *Puzzle 76*

Words	Synonym 1	Synonym 2

Challenge #2

Now that you are warmed-up, note 5 words you discovered in each Puzzle noted below (#9, #17, #25) and try to find 2 antonyms for each word. How many lines can you do in 20 minutes?

Note 5 Words from **Puzzle 9**

Words	Antonym 1	Antonym 2

Note 5 Words from **Puzzle 17**

Words	Antonym 1	Antonym 2

Note 5 Words from **Puzzle 25**

Words	Antonym 1	Antonym 2

Challenge #3

Wonderful, this monster challenge is nothing to you!

Ready for the last one? Choose your 10 favorite words discovered in any of the Puzzles and note them below.

1.	6.
2.	7.
3.	8.
4.	9.
5.	10.

Now, using these words and within a maximum of six sentences, your challenge is to compose a text about a person, animal or place that you love!

Tip: You can use the last blank page of this book as a draft!

Your Writing:

Explore a Unique Store
Set Up **FOR YOU!**

MEGA DEALS

BestActivityBooks.com/**TheStore**

Designed for **Entertainment**!

Light Up Your Brain With Unique **Gift Ideas**.

Access **Surprising** And **Essential Supplies!**

CHECK OUT OUR MONTHLY SELECTION NOW!

- Expertly Crafted Products -

NOTEBOOK:

SEE YOU SOON!

Delta Classics Team

ENJOY FREE GAMES

NOW ON

↓

BESTACTIVITYBOOKS.COM/FREEGAMES